1 ༄༅། །ཤེས་རབ་སྙིང་པོ། ཐུབ་པ་ཆེན་པོ་ཐུ

2 ༄། །རྒྱ་གར་སྐད་དུ། བྷ་ག
མ་ཤེས་རབ་ཀྱི་ཕ་རོལ་ཏུ་ཕྱིན་པའི་སྙིང་པོ། བ
བཅོམ་ལྡན་འདས་རྒྱལ་པོའི་ཁབ་བྱ་རྒོད་ཕུང
དཔའི་དགེ་འདུན་ཆེན་པོ་དང་ཐབས་གཅིག

3 ༄། །བའི་ཆོས་ཀྱི་རྣམ་གྲངས་ཀྱི་ཏི
སེམས་དཔའ་སེམས་དཔའ་ཆེན་པོ་ཐམས
ཕྱིན་པ་ཟབ་མོའི་སྤྱོད་པ་ཉིད་ལ་རྣམ་པ
པར་རྣམ་པར་བལྟའོ། །དེ་ནས་སངས་རྒྱས་ཀྱི

...སྐོད་པ། མེར་ཕོར་ཆེན་པོ་སྒྲོག །བཅོམ་ལྡན་འདས་ཀྱི

...སྐྲུ་ཁྱར་མི་ཏྲ་ཧི་ཏ་ཡ། བོད་སྐད་དུ། བཅོམ་ལྡན་འདས་

...གིས། འདི་སྐད་བདག་གིས་ཐོས་པ་དུས་གཅིག་ན།

...ལ་དགེ་སློང་གི་དགེ་འདུན་ཆེན་པོ་དང་བྱང་ཆུབ་བཞུགས

...གས་ཏེ། དེའི་ཚེ་བཅོམ་ལྡན་འདས་ཟབ་མོ་སྣང་བ་ཞེས་བྱ

...ལ་སྙོམས་པར་ཞུགས་སོ། །ཡང་དེའི་ཚེ་བྱང་ཆུབ

...སྤྱན་རས་གཟིགས་དབང་ཕྱུག་ཤེས་རབ་ཀྱི་ཕ་རོལ་ཏུ

...ཕུང་པོ་ལྔ་པོ་དེ་དག་ལ་ཡང་རང་བཞིན་གྱིས་སྟོང

...ཚེ་དང་ལྡན་པ་ཤཱ་རིའི་བུས་བྱང་ཆུབ་སེམས་དཔའ་སེམས

# 달라이 라마
# 반야심경

## Dalai Lama

# ESSENCE OF THE HEART SUTRA

ESSENCE OF THE HEART SUTRA
by Tenzin Gyatso the Fourteenth Dalai Lama

# 달라이 라마
# 반야심경

# Dalai Lama
# ESSENCE OF THE HEART SUTRA

제14 대 달라이 라마
텐진 갸초 지음
주민황 옮김

하루헌

## 번역자 서문

이 책(원제: Essence of the Heart Sutra: The Dalai Lama's Heart of Wisdom Teaching)은 대표적인 불교 경전인 『반야심경』을 달라이 라마가 쉽고도 명쾌하게 설명한 강의 내용을 담고 있다. 『반야심경』은 부연 설명이 필요 없을 정도로 널리 알려져 있는 대승 불교의 핵심 경전이다. 한국 불교계에서는 모든 의식과 법회 때 『반야심경』을 봉독하고 있어 불자들뿐만 아니라 일반 대중들에게도 익숙한 경전이다. 짧은 경전이지만 그 내용과 의미는 참으로 심원하기만 하다. 공부와 수행을 하면 할수록 이해의 폭이 달라지는 경전 가운데 하나이기도 하다.

저자인 제14 대 달라이 라마는 티베트 사람들에게 관세음보살의 화신으로 여겨지는 믿음의 대상이자 정치적 지도자이며 종교와 인종을 초월해 존경을 받는 종교인이다. 달라이 라마는 처음 만난 사람마저도 오래된 친구처럼 대한다. 우리 모두가 같은 존재라 믿기 때문이다. 행복을 바라고 고통을 피하길 원한다는 점에서 모든 사람은 같은 존재라고 세상을 향해 설파하는 달라이 라마는 평생을 고난 속에서 보냈지만 희망적이고 낙관적이다. 현실에 절망하지 않고 여전히 낙관적이고 희망적일 수 있는 것은 바로 세상은 매 순간 변하고 있다는 진리를 이미 체득했기 때문이다.

이 책에서도 달라이 라마는 우리 자신을 포함한 세상의 모든 현상은 매 순간 변하고 있다는 사실을 이해해야 한다고 강조한다. 그것이 지혜로 가는 관문이며 그를 통해 우리는 모든 고통과 어려움을 지나쳐 갈 수 있다고 설명한다. 『반야심경』에서 지혜란 결코 관념적이거나 추상적이지 않으며 현실과 동떨어진 것이 아니라고 한다. 우리가 일상에서 느끼는 감각·지각·의지·인식 등에 변치 않는 고유한 실체가 있지 않다는 것을 받아들이는 것이야말로 지혜를 향해 다가서는 길이라고 달라이 라마는 들려주고 있다. 그럼으로써 우리는 자아라는 고정 관념과 편견의 세상을 넘어설 수 있다.

달라이 라마는 『반야심경』을 체계적으로 설명하며, 그 설명은 아주 정교할 뿐 아니라 쉽고 합리적인 언어로 표현되고 있다. 모든 강의나 법회에서 그러하듯이 불교의 가장 중요하고 필수적인 내용을 빼놓지 않고 설명하고 있어 불교를 알고 싶은 이들에게 정확한 나침반을 제공한다. 달라이 라마의 해설을 통해 『반야심경』의 전통적인 해석은 물론 인도 고대 날란다 불교대학의 전승에서부터 현대의 철학적 견해와 과학적 탐구까지 포용한 다채로운 통찰과 해석을 만날 수 있다.

누구나 지혜를 원하나 지혜를 얻는 방법을 찾기란 쉽지 않다. 지혜를 지극히 관념적이며 비현실적인 방식을 통해 접근하려고 하다면 그 노력은 반드시 실패할 수밖에 없을 것이다. 달라이 라마는 그 길이 결코 관념적이지 않으며, 비현실적이지도 않으며, 또한 어렵지도 않으며, 단지 현실을 바라보는 태도를 달리하는 것만으로 이를 수 있다고 설명하고 있다. 변치 않는 '나'와 영원불멸한 세상이 존재한다는 착각에서 벗어나면 우리는 지혜를 향해 나아갈 수 있으며 고통과 고난으로부터 자유로울 수 있다는 사실을 확인 할 수 있다.

태어난 것은 모두 소멸하고 존재하는 것은 모두 고통스럽다. 이것은 부처님 가르침의 핵심이다. 평소에 이 가르침에 익숙하면 고통에 겨워 절망하거나 고난을 외면하지 않을 것이다. 매 순간 자신을 포함한 모든 현상이 변하고 있고, 영원히 변하지 않는 실체가 없다는 공성空性에 대한 이해가 깊어지면 현실을 있는 그대로 바라볼 수 있을 것이다. 그러면 어떤 상황에서든 마음을 굳건하게 유지할 수 있을 것이다. 이런 의미에서 부처님의 가르침은 매우 실용적인 종교이다.

이번에 발간되는 『달라이 라마 반야심경』은 누구나 쉽게 읽을 수 있도록 일상적인 현대어로 풀어서 번역했다. 복잡한 불교 용어를 최대한 피하고 일상적인 언어로 핵심을 설명했다. 이 책은 불교가 어렵다는 편견을 떠나, 보다 쉽고 편안하게 독자들을 지혜의 세계로 이끌 것이다.

2017년 07월

주민황

# 편집자 서문

이 책은 달라이 라마가 『반야심경』[1] 을 강의한 내용을 담고 있다. 짧은 경전인 『반야심경』은 대승 불교의 중요한 경전이다. 대승 불교는 전통적으로 인도·중국·티베트·일본·한국·몽골·베트남·아프가니스탄을 포함한 중앙아시아 여러 지역에서 융성했다. 『반야심경』은 이천 년이 넘는 세월 동안 불자들에게 대단히 큰 영향을 미쳤다. 대승 불교권에서 반야바라밀(지혜의 완성)을 성취하기 위해 애쓰는 사람들은 이 경전을 암송하고 공부하고 명상을 한다. 지금도 티베트 여러 사원에서는 특유의 깊고 낮은 소리로

1• 마하반야바라밀다심경mahā prajñā pāram itā hṛdaya sūtra의 약칭이다. 마하mahā는 위대하다는 의미이며, 반야는 프라즈냐prajñā를 음역한 것으로 지혜라는 뜻을 담고 있다. 바라밀다는 파라미타pāramitā를 음역한 것이다. 종합하면 최고의 완전한 상태라는 뜻이다. 심心은 흐리다야hṛdaya를 번역한 것으로 핵심·정수·진수·본질이라는 뜻이다. 경經은 수트라sūtra이다.
여기서 반야바라밀은 사물의 본질을 꿰뚫는 지혜를 가리키며 지혜의 완성·완전한 지혜·초월적 지혜로 번역하기도 한다. 파라미타는 윤회의 바다를 건너 저쪽 해안으로 가다로 해석할 수도 있다. 이 경우 반야바라밀은 윤회를 건너 깨달음의 세계로 가는 데 필요한 지혜라는 의미이기도 하다. 즉 깨달음을 얻은 자의 완전한 지혜라는 뜻이다.

이 경전을 암송한다. 일본 사원에서는 북소리에 맞춰 암송하며 중국 사원과 베트남 사원에서는 아름다운 곡조로 이 경전을 암송한다.

보통 『심경心經』이라 부르는 이 경전의 의미를 깊이 있게 해석하기 위해 많은 주석서들이 지속적으로 저술되었다. 이 책에서는 『심경』 원문에 대한 전통적인 해석과 다채로운 해석을 만날 수 있다. 이 책에 실린 달라이 라마의 강연 내용은 아주 체계적이며 구성 또한 정교하다. 뿐만 아니라 대승 불교의 핵심적인 내용을 포괄한다.

역사적으로 볼 때 『반야심경』은 반야부 경전 계열에 속한다. 반야부 경전을 번역하는 데 일생을 바친 에드워드 콘즈는 『반야심경』이 기원전 백 년부터 기원후 육백 년 사이에 편찬되었을 거라고 추정한다.[2] 표면적으로 보면 반야부 경전은 반야바라밀을 주제로 다룬다. 반야바라밀은 독립된 실체가 없다는 공성(空性)에 대한 깊은 통찰을 명확하

2 『Buddhist Wisdom: The Diamond Sutra and The Heart Sutra(불교의 지혜: 금강경과 반야심경)』 에드워드 콘즈 번역 및 주석, 주디스 심머 브라운 서문 (New York: Vintage Books, 2001) p.xxiii.

게 설명한다. 하지만 달라이 라마의 강의와 이 책 부록에 실린 티베트 주석서를 참고하면 『반야심경』에는 숨은 뜻이 더 있다. 완전한 깨달음에 이르기 위해 점진적으로 발전해 가는 수행 단계에 대한 내용이 포함되어 있다. 티베트 주석서에서는 대승 불자들이 수행을 하는 근본 동기가 이타심인데 『심경』 전반에 이타심이 깊이 내재되어 있음을 일깨워 준다. 이타심이란 모든 중생을 돕기 위해서 부처님의 경지에 이르겠다는 다짐이다. 반야부 경전의 주제는 자비심과 지혜이다.

『반야심경』은 불교의 핵심적인 가르침을 반복되는 부정문으로 표현하고 있다. 그토록 많은 사람에게 깊은 영감을 준 『반야심경』의 부정적인 서술 방식이 대승 불교에 익숙하지 않은 독자들에게는 당혹스러울 수도 있다. 그래서 경전에 실린 부정적인 표현에 대한 이해가 전제되어야 한다. 초기 불교 당시부터 중요한 가르침 가운데 하나는 집착에 사로잡히지 않는 것이다. 특히 외부 세계나 내면세계에 영원히 존재하는 실체가 있다는 믿음에 대한 집착에 사로잡히지 않는 것이다. 부처님의 가르침에 따르면 영원한 실체가 존재한다는 생각 특히 영원한 자아가 있다는 생각이 고통의 원인이 된다. 영원불변하는 실체가 있고, 영속하는 내가 있다는 생각이 주변 사람들이나 주변 환경과 소통하는 데 문제를 일으킨다. 우리는 영속적인 자아가 있다는 생각이 마음속에 깊이 박혀 있기 때문에 자신과 세상이 영원히 존재한다고 착각을 하는 것이다. 이 순진한 생각을 근본적으로 없애지 않는다면 우리는 진정한 자유에 이를 수 없다.

『심경』에서 모든 사물—특히 사람을 구성하는 다섯 가지 요소인 오온五蘊—에 고유한 존재(自性)가 없다고 단호하게 부정하는 것은 불교의 지혜를 확장하는 것이며, 불교의 지혜를 활용하는 가장 훌륭한 예이다. 이것이 대승 불교권에서 짧은 『심경』이 존경받는 이유이다.

『반야심경』은 독립된 실체가 없다는 공성을 깊이 고찰하는 데 활용되며, 수행을 방해하는 여러 요인을 극복하는 수단으로 암송되기도 한다. 티베트에서는 모든 법회를 시작할 때 『반야심경』을 암송한다. 1970년대 초, 인도 다람살라에서 달라이 라마 성하가 주관하는 법회에 참석한 많은 출가자들과 재가 불자들이 함께 『반야심경』을 암송할 때 느꼈던 감동은 지금도 애틋하게 다가온다. 오래 전 기억이지만 여전히 선명하다. 『반야심경』을 암송할 때 마지막에 손바닥을 세 번 치면서 발원을 한다. "모든 장애를 피하게 하소서. 장애가 더 이상 생기기 않게 하소서. 모든 장애가 사라지게 하소서." 이것은 우리가 장애라고 여기는 대부분이 실제로는 우리 안에 깊이 박혀 있는 집착과 그 집착이 만들어 내는 이기심에서 비롯된다고 보기 때문이다. 모든 사물이 지니고 있는 본질적인 공성에 대해서 깊이 생각할 때 마음속 깊숙이 박혀 있는 장애의 뿌리를 뽑을 수 있다. 따라서 『반야심경』을 암송하면서 공성에 대해 명상하는 것은 장애를 없애는 강력한 수단이 되는 것이다.[3]

달라이 라마 성하의 훌륭한 강의를 통역하는 것은 대단히 영광스러운 일이다. 통역관이라는 작은 역할을 맡아 전 세계 불자들에게 『반야심경』에 담긴 깊은 지혜를 전달할 수 있어 기쁘고 책을 만드는 과정에 작은 힘이나마 보탤 수 있어 감사하다. 강의가 책으로 만들어지기까지 많은

3 『반야심경』을 장애를 없애기 위한 방편으로 활용하는 것에 대해 더 읽어 보려면 도널드 에스 로페즈 주니어의 『Elaboration on Emptiness: Uses of the Heart Sutra(공성에 대한 상세한 설명: 『심경』을 이용하는 방법)』 (Princeton NJ: Princeton University Press, 1998)을 보라.

사람들이 애썼다. 먼저 항상 부처님의 가르침을 몸소 실천하고, 직접 보여 주시는 달라이 라마 성하께 깊은 존경을 표한다. 「대승 불교 보존 재단」의 정신적 지주인 소파 린포체와 「약사여래 불국토」에 감사를 전한다. 「약사여래 불국토」는 캘리포니아 마운틴뷰에서 개최된 달라이 라마의 강의를 기획했다. 이 책은 강의 내용을 바탕으로 만들어졌다. 1998년에 펜실베이니아 피츠버그에서 있었던 달라이 라마 『반야심경』 설법 내용으로 보완을 했다. 당시 법회는 「쓰리 리버스 다르마」에서 후원을 했다. 이 책을 처음 편집한 패트릭 램블릿, 잠양 갈로의 티베트 어 주석서를 찾은 진 스미스, 이 책 영어판을 명확하고 읽기 쉽도록 만든 위즈덤 출판사 편집자인 데이빗 키들스트롬와 조시 바톡도 고맙다. 각자의 노력이 모여 쌓인 이 공덕으로 모든 중생의 고통을 덜어 주기를, 더 평화로운 세상을 만들기를 발원한다.

캐나다 몬트리올에서 툽텐 진파

# 차례

## 제8 장
## 무아



## 제9 장
## 공성에 대한 해석



## 제10 장
## 실체에 대한 올바른 견해 배양



## 제11 장
## 결과를 성취하기

## 제3 부
## 보살이 되는 법

### 제12 장
### 보리심 일으키기

일러두기

1. 티베트 어 표기는 국립국어원이 규정한 외래어 표기법에 의거해 파열음을 된소리로 표기하지 않는 것을 원칙으로 했다. 현재는 국립국어원에서 공시한 티베트 어 표기법이 없는 상태이며 향후 티베트 어 표기법이 공시되면 원지음을 반영해서 표기할 예정이다.

2. 인명의 경우, 국립국어원에서 편찬한 표준국어대사전에 등재되어 있는 경우 그에 따랐으며 그 외의 경우는 원지음을 따라 표기했다.

3. 숫자 뒤에 약물 표시가 있는 주는 번역자 주이다. 예) 1•

# 제 1 부
# 불교

# 제1 장 내면 계발을 위한 탐구

시간은 언제나 앞을 향해 간다. 우리는 태어나는 순간부터 삶의 종착점인 죽음을 향해 나아가고 있다. 그것이 인간의 본성이며 우주의 본성이다. 인간인 우리는 내면을 탐구하는 성향이 있어 끊임없이 자신을 점검하고, 인생을 어떻게 살고 있는지 매순간 살핀다. 이것은 참으로 중요하다. 내 경우, 인생의 대부분이 이미 흘러갔다. 내가 게으른 수행자이긴 하나 그래도 수행에 조금씩 진전이 있었다. 나는 석가모니 부처님의 진실한 제자가 되기 위해, 훌륭한 비구가 되기 위해 노력했다. 출가자로서 일상과 수행에서 작은 실수를 범했을 수는 있겠지만 우리가 살고 있는 이 세상을 위해 약간은 기여한 바가 있다고 생각한다. 특히 티베트 불교문화를 보존하는 데 조금은 기여를 한 것 같다.

우리 인간의 잠재력은 정말로 무한하기 때문에 너무 쉽

게 만족하면 안 된다. 누구나 무한히 계발할 수 있고, 누구라도 부처의 경지에 이를 수 있다. 지금 우리 마음은 어리석은 생각과 고통으로 가득 차 있을지 모르겠지만 언젠가는 완전한 깨달음을 얻은 부처의 마음이 될 수도 있다. 물질을 소유하는 데 있어서는 만족이라는 것이 있어야겠지만 내면의 잠재력을 탐구하는 데 있어서는 만족이란 있을 수 없다. 인간의 잠재력은 무한하지만 인간의 수명은 유한하다. 때문에 소중한 삶을 잘 활용하기 위해서 우리는 최대한 노력해야 한다. 우리에게 주어진 삶은 짧다.

우리 모두는 사람이라는 점에서 같다. 이 부분에서 우리는 서로에게 낯선 사람이 될 수 없기에 근본적으로 차이가 없다. 여러분은 많은 감정들을 경험한다. 어떤 감정은 도움이 되고, 어떤 감정들은 방해가 된다. 내 경우에도 마찬가지다. 항상 변하고 있는 여러 경험 속에서 우리는 끊임없이 여러 가지 감정을 경험한다. 때로는 화를, 때로는 질투를, 때로는 사랑을, 때로는 두려움을 경험한다. 여러분은 많은 생각을 경험하고 또 여러분의 인생을 장기적 관점과 단기적 관점에서 분석하고 살피는 잠재력도 갖고 있다. 내 경우도 마찬가지다. 항상 변하고 있는 경험들 속에서 우리는 다양한 지각—색깔·냄새·맛·느낌·소리·감각—을 끊임없이 경험한다. 이런 요소들이 우리 안에서 비슷하게 작동하고 있다.

물론 사람들 간에 차이점을 발견할 수도 있다. 누구나 다른 사람과는 공유할 수 없는 개인적인 경험을 갖고 있다. 예를 들어 여러분은 컴퓨터를 다루는 기술이 뛰어날지도 모르지만 나는 컴퓨터를 다룰 줄 모른다. 또 수학적 훈련을 받지 않았기 때문에 여러분이 매우 쉽게 푸는 문제를 나는 못 풀지도 모른다. 이런 종류의 차이는 사소한 것들이다. 여러분과 나는 우주에 대해, 사물의 본질적 존재인 실체reality에 대해, 종교에 대해 서로 다른 믿음을 갖고 있을 지도 모른다. 같은 믿음이나 같은 종교를 갖고 있는 사람들 사이에도 다양한 차이가 있을 수 있다. 종교의 차이는 경험의 차이와 마찬가지로 우리의 공통점인 인간성에 비하면 사소한 것들이다. 중요한 것은 우리가 인간이라는 점—생각하고, 느끼고, 자각한다는 점—에서 같다는 점이다. 우리는 지구라는 행성을 공유하고 있고 인류라는 거대한 가족의 일원이다.

인간의 어떤 경험들은 보편적이라고 생각한다. 예를 들

어 누군가가 여러분을 보고 미소를 지으면 기분이 좋다. 여러분이 나를 보고 미소를 지으면 나도 기분이 좋아진다. 여러분이나 나나 이로운 것을 추구하고, 해로운 것을 피한다. 이것이 인간의 기본적 본성이다.

외부 물질세계 영역에서 우리는 이로운 것과 해로운 것을 자각한다. 그런 다음 면밀한 분석과 정확한 지식을 기반으로 우리는 본능적으로 알고 있는 즐거운 삶, 성공한 삶, 행복한 삶을 만들기 위해 노력한다. 마찬가지로 생각과 감정의 영역에서도 우리에게 이로운 것과 해로운 것을 분명하게 자각하는 능력을 발전시키기 위해서는 면밀하게 분석할 필요가 있다. 마음의 긍정적 요소를 강화하고 부정적 요소들을 약화시키기 위해서 노력해야 한다. 긍정적 요소는 행복을 증진시키고 부정적 요소들은 행복을 감소시키기 때문이다. 따라서 우리의 내면세계를 명확하게 이해하는 것이 매우 중요하다.

물질적 조건만으로 행복을 누릴 수는 없기에 행복에 대한 열망을 실현하는 또 다른 방법이 필요하다. 모든 종교는 행복에 대한 열망을 실현하기 위해 다양한 방법을 제공하고 있다. 하지만 이런 방법들은 종교나 신앙과 무관하게 개발할 수 있다. 사람이 지니고 있는 무한한 잠재력에 대해 인식하고, 잠재력을 활용하는 법을 배우는 것이 필요하다. 실제로 오늘날 현대과학에서도 몸과 마음의 상관관계에 대한 인식이 높아지고 있고, 마음가짐이 신체 건강과 행복에 어떤 영향을 미치는지에 대해서도 새롭게 이해하고 있다.

지성은 우리가 행복을 찾고 고통을 극복하기 위해 마음대로 사용할 수 있는 매우 중요한 기능이다. 인간의 지성은 고통을 극복하고 행복을 찾도록 하지만 한편으론 문제를 일으키기도 한다. 지성을 이용해 집을 짓고, 농사도 짓지만 지성은 근심과 두려움을 만들어 낸다. 지성은 과거를 기억하고, 좋은 일이건 나쁜 일이건 미래를 설계하도록 한다. 몸이 편안한 것만으로는 불행을 완전히 없앨 수 없다. 인간의 지성이 빚어낸 불행은 지성만이 사리지게 할 수 있다. 그래서 지성을 제대로 활용하는 것이 대단히 중요하다.

지성을 잘 활용하려면 따뜻하고 열린 마음과 지성을 결합해야 한다. 합리성에 자비·배려·공감을 결합시켜야 한다. 이런 심성은 지성을 강력하고 긍정적으로 변화시킨다. 마음이 관대하고 넓으면 불행한 사건이 일어난다고 해도 평정을 쉽게 잃지 않는다. 나아가 자기 행복에만 머물지 않고 타인의 행복에 대해서도 관심을 기울인다. 본질적으로 인간은 사회적 동물이다. 우리의 행복은 물론이고 생존마저 타인들에게 의존하고 있다. 상호 작용과 협력이 필요하다. 그래서 긍정적 감정이 지성을 이끌 때 지성은 건설적이다. 따뜻한 마음과 공감은 마음을 평화롭게 한다. 자비롭지 못할 때 마음은 항상 불안하고 혼란스럽다.

분노와 미움은 내면의 평화를 파괴한다. 자비·용서·형제애·만족·극기는 외적 평화는 물론 내면 평화의 기반이 된다. 이런 좋은 품성을 강화시킬 때 우리는 진실하고 영원한 평화를 계발할 수 있다. 이것이 내가 말하는 정신적 발달의 의미이다. 가끔 나는 이것을 내면의 무장 해제라고도 표현한다. 실제로 가정·사회·직장에서 내면의 무장을 해제하는 것이 무엇보다 필요하다.

## 제2 장 현대 사회에서 종교

### 다양한 가르침과 다양한 수행법

진정한 수행을 하기 위해 특정한 종교나 특정한 믿음을 가져야 하는 것은 아니다. 그런데 많은 사람들은 종교적 수행이나 신앙 속에서 진정한 수행을 찾으려고 한다. 교류 없이 서로 떨어져 살다 보면 다른 종교나 믿음에 대해 잘못 아는 경우가 있다. 달리 말하면 자신이 믿는 종교만이 옳은 가르침이라고 착각하기도 한다. 나 역시 망명 이후, 다른 종교 지도자들과 긴밀하게 교류를 하기 전까지 편견을 갖고 있었다. 교류를 하면서 모든 전통 종교는 위대한 잠재력을 갖고 있으며, 인류를 위해 대단히 중요한 역할을 한다는 것을 알았다. 모든 전통 종교는 고통을 피하고 행복을 추구하는 기본적 열망을 실현하는 여러 방법을 갖고 있다. 이 장에서는 그 방법에 대해 살펴보고자 한다.

어떤 종교는 정교하게 철학적인 분석을 한다. 어떤 종교는 광범위하게 윤리적인 가르침을 편다. 어떤 종교는 믿음을 훨씬 강조한다. 세계 주요 종교의 가르침은 크게 두 범주로 나눌 수 있다. 하나는 형이상학적 요소와 철학적 요소를 지니고 있는 가르침이다. 인간이 왜 태어났는지, 어떻게 살아야 하는지, 수행을 왜 해야 하는지에 대해 설명한다. 또 하나는 도덕성이나 윤리 규범을 수행하는 것이다. 종교의 윤리적 가르침이 형이상적인 철학적 사고를 전재하는 동안에 입증되고 확인된 결론이라 할 수 있을 것이다. 전통 종교에서 사용하는 형이상학적 용어와 철학적 용어에 차이가 있을지라도 도달하는 결론—윤리적 가르침—은 거의 하나로 모아진다. 이런 의미에서 보면 여러 종교가 형이상적으로 어떻게 설명하든 대개는 비슷한 결론에 이른다. 모든 종교 철학은 형태는 다르지만 사랑·자비·관용·용서·극기의 중요성을 강조한다. 교단 차원은 물론 개인 차원에서도 서로 소통하고, 공유하고, 존중한다면 각 종교가 지니고 있는 귀중한 가르침과 그 종교들이 인류에 기여하는 방식에 대해서도 배울 수 있다.

종교마다 깊은 자비심과 사랑으로 타인을 위해 진심으

로 헌신하는 사람들이 있다. 나는 수십 년 동안 기독교·힌두교·이슬람교·유태교의 성직자들을 만나 왔다. 모든 종교에는 경이롭고, 마음이 따뜻하고 현명한 사람들—가난한 사람들을 보살피는 데 일생을 바친 테레사 수녀, 평등한 세상을 만들기 위해 평생 평화적인 투쟁을 한 마틴 루터 킹 주니어 박사—이 있다. 확실히 모든 종교는 인간의 잠재력을 최대한 발휘토록 하는 힘을 갖고 있다. 하지만 접근하는 방식은 서로 다르다.

혹시 이렇게 질문을 할지도 모르겠다. "왜 형이상학적으로, 철학적으로 다양한 종교가 존재해야 할까?" 다양성은 종교 간에만 있는 것이 아니다. 각 종교 내부에도 있다. 불교 안에도—심지어 석가모니 부처님 가르침에도—매우 다양한 가르침이 있다. 부처님 가르침 가운데 철학적인 분야에서 다양성이 확연하게 나타난다. 어떤 경우에는 서로 모순된 것처럼 보이기도 한다!

이것은 종교적 가르침이 지니고 있는 중요한 요소 가운데 하나이다. 종교적 가르침은 그것을 받아들이는 사람의 성향과 수준에 적합해야 한다. 부처님은 제자들의 성품과 종교적 성향, 관심사가 다양하다는 것을 알고 거기에 맞춰,

상황에 맞춰 가르쳐야 한다는 것을 알았다. 가르침이 아주 특별하고 강력하다고 해도, 철학적 견해가 참으로 옳다고 해도, 받아들이는 사람에게 적합하지 않다면 의미가 없다. 그래서 훌륭한 종교 지도자는 가르침을 받을 사람에게 어떤 가르침이 적합한지를 잘 판단해서 가르친다.

이것을 의약품 사용에 비유할 수 있다. 항생제를 예로 들어 보자. 항생제는 약효가 매우 강력하고, 다양한 질병을 치료하는 데 효과가 있다. 하지만 부러진 다리를 치료하는 데에는 효과가 없다. 부러진 다리는 깁스로 잘 고정을 해야 한다. 항생제를 처방하는 경우라 해도 적절해야 한다. 의사가 어린이에게 성인의 복용량을 먹인다면 아이는 죽을 수도 있다!

마찬가지로 부처님도 제자들의 성품과 관심사 그리고 자질이 다양하다는 것을 알았기 때문에 다양한 가르침을 준 것이다. 이런 시각으로 세계 종교를 바라보면 모든 종교는 사람들에게 유익하며, 각 종교는 신도들에게 필요한 것을 각자의 방식으로 제공한다고 확신하게 된다.

모든 종교가 지니고 있는 유사성을 또 다른 방식으로 살펴보자. 모든 종교가 창조주인 신의 존재를 인정하는 것은 아니다. 하지만 신의 존재를 인정하는 종교는 신도들에게 진심으로 신을 사랑할 것을 강조한다. 어떤 사람이 신을 진심으로 사랑하는지, 사랑하지 않는지 어떻게 알 수 있을까? 우리는 그 사람이 신의 창조물인 인간들을 대하는 행동과 태도를 보면 분명하게 알 수 있다. 진정어린 사랑과 자비로 인간과 세상을 대한다면 그는 신에 대한 사랑을 입증하는 것이다. 신의 뜻을 진실로 존경한다면 인간을 사랑하는 신을 본보기로 삼을 것이다. 반대로 신에 대한 믿음을 공언하면서도 타인을 사랑하지도, 자비롭게 대하지도 않는다면 그 사람의 믿음은 매우 의심스러운 것이다. 이 관점에서 보면 신에 대한 진실한 믿음은 사랑과 자비라는 긍정적인 품성을 계발하는 데 매우 효과적인 방법이다.

전생이나 내생에 대한 주요 종교들 간의 차이를 살펴보자. 모든 종교가 전생이나 내생을 주장하지는 않는다. 기독교에서는 천국이나 지옥 같은 내생은 인정하지만 전생은 인정하지 않다. 기독교적 관점에서는 현재의 생을 신이 직접 창조했다고 본다. 이 점을 정말로 진지하게 믿는다면 신의 존재가 아주 친숙하게 느껴질 것이다. 우리 생명을 신이 창조한 것이라고 확실하게 믿는다면 신을 마음 깊이 존경할 것이다. 신의 뜻에 따라 삶을 살 것이며 이를 통해 인간의 최고 가치를 실현할 것이다.

우리 삶에서 일어나는 모든 일에 대한 책임은 각자에게 있다고 주장하는 종교나 개인이 있을 수도 있다. 이렇게 주장하는 종교는 인간의 잠재력을 계발하는 데 매우 유용하다. 이 경우 사람들은 자기 행동에 대한 결과를 스스로 책임져야 하며 자신의 삶을 전적으로 책임져야 한다. 진실로 이렇게 생각한다면 스스로를 절제하고, 오로지 사랑과 자비를 실천할 것이다. 결국 종교마다 접근 방법은 다르지만 결과는 유사하다.

### 자신의 종교를 견지하기

이와 같이 생각하면 위대한 종교에 대해 존중하게 되고 그 종교들이 지니고 있는 가치를 진심으로 인정할 수밖에 없다. 주요 종교들은 과거에도 많은 사람들에게 도움을 주었고, 현재에도 도움을 주고 있고, 미래에도 도움이 될 것이다. 이런 맥락에서 서양 사람들이 불교에 관심을 표명할 때, 불교의 장점을 배워 가는 것은 좋으나 본인이 믿고 있는 종교를 잘 견지하라고 당부한다. 개종은 중요한 문제이다. 결코 가벼이 여길 문제가 아니다. 각 종교는 특정한 역사·문화·사회적 상황에 부응하는 과정을 통해 발전해 왔다. 이런 맥락에서 생각한다면 특정한 종교는 특정한 문화적 배경 아래서 더 적합하다. 자신에게 어떤 종교가 맞는지는 오로지 본인만이 알 수 있다. 따라서 자신의 종교를 전도하기 위해 자신이 믿고 있는 종교만이 최고이며, 옳은 것이라고 피력하지는 말아야 한다. 타인들을 개종시키기 위해 애쓰지 말아야 한다. 이는 참으로 중요한 자세이다.

이런 까닭에 종교적 배경이 다른 서양인들에게 불교 강의를 할 때면 약간 걱정이 된다. 내 목적은 불교를 전파하는 것이 아니다. 이 강의를 듣는 많은 사람들 가운데 일부는 불교적 접근이 자신에게 더 적합하다고, 더 효과적이라고 느낄 수도 있다. 그래서 부처님의 가르침을 받아들이고 싶다는 생각이 들더라도 먼저 부처님의 가르침을 면밀하게 살펴보고 개종에 대해서도 면밀하게 검토하기를 당부한다. 이는 대단히 중요하다. 깊이 생각해 보고 철저히 검토한 다음에서야 불교적 접근이 자신에게 적합한지를, 효과적인지를 알 수 있다.

하지만 어떤 종교도 믿지 않는 것보다는 어떤 종교라도

믿는 것이 더 낫다. 오직 현생만 생각하거나 세속적인 이익만 추구하는 사람의 경우, 그들이 영원히 행복할 수 없다고 나는 믿는다. 물질에 대한 추구만으로는 영원한 행복을 누릴 수 없다. 사람들이 젊고, 심신이 건강할 때는 자급자족도 가능하고 또 자신을 충분히 통제하고 있다고 생각한다. 그래서 깊이 있는 믿음이나 심오한 깨달음 같은 것이 필요하지 않다고 생각한다. 그러나 시간이 흐르면 모든 것은 반드시 변하기 마련이다. 사람들은 늙고 병들고 죽는다. 그 누구도 피할 수 없는 생노병사나 돈으로 해결할 수 없는 예상치 못한 비극에 맞닥뜨리면 젊은 날 믿었던 세속주의는 그 한계를 여실히 드러낸다. 그럴 때는 부처님의 가르침 같은 내면적인 접근이 더 적합할지도 모른다.

**타인의 종교를 존중하기**

여러 종교가 공존하는 세상에서 살면서 종교가 다른 수행자들과 대화를 하고, 다른 종교를 진심으로 존중하는 것은 대단히 중요하다. 서로 대화할 때 상호 공통점에 대해 인식을 함께 하는 것도 중요하지만 차이점에 대해 존중하는 자세가 더 중요하다. 더불어 다른 종교가 발생한 유래—종교 발전에 영향을 미친 역사적, 문화적, 사회적, 개인적 요소들—를 살펴보아야 한다. 그 종교의 발생 연유를 이해해야 한다. 각 종교의 차이점과 발생 기원에 대해 알았다면, 이제 다른 관점에서 살펴보아야 한다. 다른 종교 철학과 수행이 어떻게 비슷한 결과에 도달하는지를 알아보아야 한다. 이런 식으로 종교 간 대화를 나누면 다른 종교를 진심으로 존경하고, 찬탄할 수 있다.

실제로 종교 간 대화에는 두 종류가 있다. 하나는 지극히 학문적 차원의 대화로 지성적인 차이점과 유사점에 관심을 두는 대화이다. 또 하나는 종교가 다른 수행자들끼리 진실하게 나누는 대화이다. 내 경우, 다른 종교를 깊이 이해하는 데 후자가 큰 도움이 되었다.

종교 간 대화는 서로의 종교를 공유할 수 있는 방법들 가운데 하나일 뿐이다. 다른 종교의 성지를 순례하거나 성소를 방문하고, 또 가능하다면 함께 기도를 하거나 수행을 하고, 함께 묵언 명상을 하는 것 등으로 서로의 종교를 공유할 수도 있다. 나는 기회가 있을 때마다 다른 종교의 성지를 찾아 순례자로서 예를 표한다. 이런 마음으로 예루살렘에 있는 여러 교회와 프랑스에 있는 루르드 동굴, 인도에 있는 여러 성지를 방문해 왔다.

많은 종교가 세계 평화와 화합을 위해 노력한다. 우리가 다른 종교를 인정하는 또 다른 방법은 종교 지도자들이 함께 만나는 것을 보고, 그들이 한 연단에 서서 종교는 다르지만 동일한 가치를 말하는 것을 듣는 것이다.

남아프리카공화국의 데스몬드 투투 주교가 다른 종교의 역량을 공유할 수 있는 방법에 대해 언급한 적이 있다. 세계 곳곳에서 재앙이나 비극적인 큰일이 발생할 때마다 여러 종교 신도들이 함께 힘을 합쳐 고통 받는 사람들을 돕자는 것이다. 각 종교 정신을 행동으로 보여 주자고 했다. 훌륭한 생각이다. 이런 기회는 타 종교인을 이해할 수 있는 좋은 계기가 될 것이다. 앞으로 종교 간 공유에 대한 토론이 있을 때 나 역시 이 생각을 말할 예정이다. 이미 비숍 주교에게도 약속을 했다. 지금도 그 약속을 실천하고 있는 중이다!

이와 같은 방법으로 종교 간 대화와 화합을 증진하는 기반이 마련된다. 종교 간에 화합을 하고, 화합 정신을 유지하는 것은 참으로 중요하다. 화합 정신이 없다면 사람들은 너무 쉽게 고립된다. 최악의 경우, 갈등과 적개심으로 학살을 자행하고 전쟁까지 일으킨다. 분쟁의 원인이 종교적 차이나 종교적 편협함 때문일 때가 많다. 원래 종교란 적개심을 가라앉히고, 갈등을 해소하고, 평화를 불러와야 한다. 이것이 종교의 의무이다. 그런데 종교가 분쟁의 원인이 되는 것은 비극이다. 분쟁을 야기하는 종교란 인류에게 무의미하며 심지어 해롭기까지 하다. 그렇다고 우리가 종교를 버려야 하는 것은 아니다. 종교는 여전히 세상 사람들 사이에 평화를 계발하는 기반이 되고 있다.

더욱이 과학 기술 발전으로 인해 삶의 질이 크게 개선되었다고 해도 기술과 돈으로 해결할 수 없는 어려움들을 겪고 있다. 여전히 우리는 근심·두려움·분노·상실·이별의 슬픔을 느끼고 있다. 여기에다 일상적인 불평—내가 하는 것처럼 당신도 그렇게 해야 해!—까지 함께 갖고 있다.

이것은 인간이면 누구나 갖고 있는 근본적인 요소들이다. 수천 년, 수백만 년이 지나도 변하지 않을 부분이다. 마음의 평화만이 이 부정적인 감정들을 없앨 수 있다. 모든 종교는 우리 안에 있는 부정적인 감정을 해소하기 위해 여러 가지 방법을 제시한다. 21세기에도 종교의 가장 중요한 역할은 마음의 평화를 제공하는 것이다.

마음의 평화와 개인 간의 평화를 계발하기 위해 종교가 필요하다. 이것이 오늘날 종교가 담당해야 할 본질적인 역할이다. 종교가 맡은 역할을 다하기 위해 종교 간 화합은 참으로 중요하다.

**다른 종교에서 배우기**

전통적으로 믿어 온 종교를 바꾸는 것은 권장하지는 않지만 다른 종교에 있는 좋은 수행 방법들을 기존 수행법과 융합하는 것은 권장한다. 내가 아는 기독교인 친구들은 자신의 종교를 잘 믿으면서도 집중력을 향상시키기 위해 마음을 한곳에 모으는 고대 인도의 명상법을 받아들이고 있다. 그들은 명상을 통해 마음을 다스리기 위해 다른 불교 수행법들을 선택하기도 한다. 자비심을 기르기 위해 관상觀想 명상을 한다든지, 인내심을 기르는 데 도움이 되는 수행을 한다. 이 독실한 기독교인들은 자기 종교를 잘 믿으면서도 다른 종교에 있는 수행법을 받아들였다. 이런 태도는 그들에게 많은 도움이 될 것이다. 참으로 현명한 태도이다.

기독교인들의 사례를 반대로 적용해 볼 수도 있다. 불자들의 경우, 기독교적 요소—사회에 봉사하는 전통—를 수행에 통합하는 것이다. 기독교 성직자들은 사회사업 특히 보건 분야와 교육 분야에서 오랫동안 활발하게 활동해 왔다. 사회사업 분야에 있어 기독교는 불교계보다 훨씬 앞서 있다. 독일인 불자가 나에게 이런 말을 한 적이 있다. "지난 40년 동안 네팔에서 큰 티베트 사원을 짓는 것을 많이 봤지만 병원이나 학교를 짓는 것은 거의 못 봤다." 만일 기독교 교회였다면 교회가 늘어나는 만큼 학교나 의료 시설도 늘어났을 거라는 말도 했다. 불자들은 전적으로 수긍할 수 밖에 없을 것이다. 반론할 여지가 없다.

불자들은 기독교인들이 하는 사회봉사 활동에서 많은 것을 배울 수 있다. 반면에 내가 아는 기독교인들은 불교의 공성空性 철학에 대해 깊은 관심을 갖기도 한다. 나는 이들에게 공성의 가르침—모든 사물은 절대적이고 독립된 실체로서 존재하지 않는다.—이 불교 본연의 가르침이기에 독실한 기독교인이라면 공성에 대해 깊이 탐구하지 말 것을 권유한다. 이렇게 조언을 하는 까닭은 불교의 가르침인 공성에 대해 깊이 탐구해서 진심으로 공성을 추구하다 보면 창조주—간단히 말해 절대적이고, 독립적이고, 영원한 존재—에 대한 믿음을 잃을 수 있기 때문이다.

많은 사람들이 기독교와 불교에 대해 진심으로 존중하고, 특히 석가모니 부처님과 예수님의 가르침을 존경한다고 공언한다. 모든 세계적 종교의 가르침과 스승들에 대해서 깊은 존경심을 갖는 것은 분명히 매우 소중하다. 종교를 믿기 시작하는 단계에서는 불교 수행이나 기독교 수행을 병행할 수 있다. 그러나 수행이 어느 정도 깊어지면 결국은 한 가지 종교 철학과 수행법을 받아들일 수밖에 없다.

일반적인 교육 과정에 비유할 수 있다. 처음에는 광범위하게 교육을 받는다. 초등학교부터 대학교 때까지는 대부분 기본적인 교육 과정에 따라 비슷하게 공부한다. 그러나 박사 과정에 들어가거나 연구소 같은 곳에서 고도의 훈련을 받을 때는 특정한 분야만 공부한다. 마찬가지로 종교 수행자 관점에서 보면 수행에 깊이 들어갈수록 하나의 종교와 하나의 진리를 수행하는 것이 중요하다. 따라서 인간 사회 전체로 보면 많은 수행법과 많은 진리를 포용하는 것이 참으로 중요하겠지만 개인의 차원에서 보면 하나의 수행법과 하나의 진리를 따르는 것이 더 좋다.

# 제3장 불교

## 불교의 특징

앞서 말했듯이 많은 종교에서 다양한 수행법을 제공하고 있지만 한 개인의 입장에서 보자면 결국 한 종교에만 집중하는 것이 훨씬 더 효과적이다. 지금부터는 나에게 가장 친숙하고 익숙한 종교인 불교에 초점을 맞춰 설명을 하겠다. 먼저 세계 주요 종교 가운데 불교가 차지하고 있는 위치부터 살펴보자.

주요 종교는 두 범주로 나눌 수 있다. 창조주를 인정하는 유신론적 종교와 창조주를 인정하지 않는 무신론적 종교가 있다. 기독교·유대교·이슬람교·힌두교는 유신론적 종교이다. 불교·자이나교·고대 인도 철학 학파 가운데 하나인 상키야 학파는 무신론적 종교이다.

무신론적 종교 안에서도 다시 크게 두 가지로 분류할

수 있다. 단일하고, 영구적이고, 변하지 않는 영원한 정신인 아트만의 존재를 인정하는 종교와 아트만의 존재를 인정하지 않는 종교로 나눌 수 있다. 불교는 아트만의 존재를 부정하는 유일한 종교이다. 불변의 원리나 아트만에 대한 부정은 다른 무신론적 종교와 불교를 구분하는 주요한 특징 가운데 하나이다.

고대 인도 종교를 살펴보면 윤회와 환생을 인정하는 종교와 인정하지 않는 종교로 구분된다. 윤회와 환생을 인정하는 종교에서는 다시 해탈을 인정하는 종교와 해탈을 인정하지 않는 종교로 나눈다. 불자들은 윤회를 믿고, 산스크리트 어로 모크샤라고 부르는 해탈의 가능성을 믿는다.

더 나아가 해탈의 개념을 인정하는 사람들도 두 범주로 나눌 수 있다. 해탈한다는 것을 바깥에 있는 다른 존재의 상태가 되는 것으로 이해하는 사람들과 특정한 마음 상태나 정신 상태에 이르는 것으로 이해하는 사람들이 있다. 불교에서는 윤회로부터 해탈하는 것을 마음이 특정한 상태에 이르는 것으로 이해한다. 이와 같은 구분을 잘 기억하기 바란다. 지금부터 불교의 가르침에 대해 설명을 하겠다.

**부처님**

통상적으로 우리가 불교라고 알고 있는 종교는 2,500여 년 전에 발생했다. 하지만 역사에 존재했던 석가모니 부처님이 정확히 언제 태어났는지는 불교학자들 사이에서도 의견이 분분하다. 서양 학자들 대부분은 석가모니 부처님이 대략 2,500년 전에 탄생했다고 본다. 티베트 학자, 사캬 판디타는 3,000년이 넘는다고 주장한다. 2,900년 전에 탄생했다고 주장하는 학자들도 있다.

불교의 창시자인 부처님이 언제 탄생했는지 정확한 연대를 모른다는 사실이 불자인 나에게는 조금 당혹스럽다. 부처님의 진신 사리를 과학적으로 면밀히 조사해서 탄생 연대를 정확하게 밝혔으면 하는 바람도 있다. 물론 공손한 마음가짐으로 조사에 임해야 할 것이다.

이에 대한 상세한 논의는 다음에 하고, 부처님의 생애를 잘 살펴보면 정신적인 계발 과정을 거쳤다는 것을 알 수 있다. 왕자로 태어나 왕궁에서 온갖 사치를 누리며 자랐다. 그러다 왕궁의 안락한 생활 방식을 버리고 고행을 택했고, 6년 동안 가혹한 수행을 했다. 그러나 고행 역시 궁극적인 만족을 주지 않는다는 것을 깨닫고는 고행을 포기하고 보리수나무 아래에 앉았다. 깨달음과 해탈을 얻기 전에는 그곳에서 일어나지 않겠다는 맹세를 하고는 명상에 들어갔다. 이 길고 진지한 수행의 결과로 마침내 최고의 완전한 깨달음을 온전하게 이루었다.

부처님의 생애는 매우 중요한 원칙—정신을 수행하는 과정에서 일정한 고난은 필수적이라는 것—을 전형적으로 보여 준다. 기독교의 예수나 이슬람교의 예언자 모하메드와 같은 위대한 선지자들 생애에서도 이 원칙은 적용된다. 그러니 그들의 제자들 역시 선지자 가르침 안에서 최고의 깨달음을 얻기를 바란다면 무한한 인내심으로 고난을 이겨 내야 할 것이다. 불자들 가운데에는 '부처님께서는 깨달음을 성취하기 위해서 많은 고난을 겪으셨지만 나까지 고난을 겪을 필요는 없지. 안락한 삶을 포기하지 않고도 깨달음을 얻을 수 있을 거야. 확실해!' 하는 생각을 하는 사람들도 있는 것 같다. 본인들이 부처님보다 운이 좋아 특별한 고행이나 출가를 하지 않고도 부처님과 같은 깨달음의 경지에 이를 수 있으리라 생각할 수도 있다. 하지만 그것은 착각이다.

부처님이 진실한 출가 수행자로 생활을 하면서 고행을 했던 것처럼 부처님의 첫 제자들 역시 독신으로 정신적 수행을 위한 기반을 단단히 다졌다. 그렇기 때문에 승가는 부처님의 가르침을 전파하고 더 발전시키는 데에 중요한 역할을 할 수 있었다. 이는 불교 전체 역사를 통해서 잘 알 수 있다.

고행이나 출가가 필요 없다는 착각 외에도 사람에 따라서는 불교의 도덕적이고 윤리적인 가르침이 부처님의 '본질적' 가르침에서 벗어난 것이라고 여기는 경우도 있는데 이 역시 잘못된 생각이다. 자세히 살펴보면 불교의 계율이란 제자들이 일상에서 어렵지 않게 처할 수 있는 상황이나 윤리적 판단을 해야 할 상황에서 어떻게 대응해야 하는가에 대한 부처님의 가르침이 발전된 형태이다. 승단의 구성원을 위한 윤리적 계율과 행동 규범이 계율로 발전했고, 이것은 결과적으로 부처님의 가르침을 따르는 생활 방식으로 이어졌다. 부처님은 제자들이 수행을 잘하고 계율을 제대로 이해할 수 있도록 철학적인 주제에 대해서도 많은 가르침을 폈다.

부처님이 초기 제자들을 가르친 기준은 지금 우리 수행에도 그대로 적용되고 있다. 불교가 새로운 문화권으로 전파될 때 각 지역의 문화를 수용해 왔지만 수행을 하는 데 있어 필수적인 도덕과 계율에 대한 엄격함은 그대로 유지했다. 부처님이 설명한 성취들—깊은 선정과 통찰—을 얻기 바란다면 우리 역시 일정 수준의 고행을 해야 하는 것은 물론 윤리적인 규범을 잘 지켜야 한다.

## 초전법륜

석가모니 부처님은 보리수나무 아래서 깨달음을 얻은 지 얼마 후 바라나시에 가서 자신이 깨달은 내용에 대해 설법을 했다. 이 설법을 초전법륜初轉法輪이라 한다. 초전법륜이란 처음으로 다르마dharma의 바퀴를 굴린다는 의미이다. 여기서 말하는 다르마란 부처님의 가르침을 가리키는 것이다. 부처님이 최초로 한 설법 내용은 네 가지 고귀한 진리(四聖諦)이다.

네 가지 고귀한 진리는 고통에 대한 진리, 고통의 원인에 대한 진리, 고통의 소멸에 대한 진리, 고통을 소멸로 이끄는 수행에 대한 진리 등이다. 본질적으로 네 가지 고귀한 진리가 말하는 것은 우리 모두 행복을 원하고 고통을 원하지 않는다는 것과 피하고 싶은 데도 찾아오는 고통은 우리가 태어나기도 전에 시작된 인연의 결과 때문이라는 것이다. 윤회에서 벗어나려는 열망이 있다면 고통의 원인과 조건을 명확하게 이해하고 그것들을 없애기 위해서 노력해야 한다. 더불어 행복의 원인과 조건들도 분명히 이해하고 그것들을 적극적으로 실천해야 한다. 이것이 네 가지 고귀한 진리의 본질이다.

부처님은 네 가지 고귀한 진리 안에 해탈의 틀을 세운 후 해탈에 이르게 하는 서른일곱 가지 수행(37助道品)을 설명하고 있다. 이것을 깨달음으로 이끄는 서른일곱 가지 수행이라고 부른다. 이 수행들은 네 가지 고귀한 진리를 일상에서 어떻게 적용해야 하는지를 잘 보여 준다. 이 가르침에는 사마타(止)와 위파사나(觀)라는 주된 기본 요소가 있다. 사마타는 마음을 한곳에 집중시키는 힘을 기르는 것이며 위파사나는 진리에 대한 통찰력을 기르는 것이다. 깨달음으로 이끄는 서른일곱 가지 수행을 이 사마타와 위파사나와 관련해서 살펴보면 양쪽의 특성과 관련된 양상을 발견할 수 있다.

서른일곱 가지 수행 가운데 처음 네 가지는 주의 깊게 지속적으로 알아차림[1](四念處)이다

1. 몸을 주의 깊게 지속적으로 알아차림 (身念處)
2. 느낌을 주의 깊게 지속적으로 알아차림 (受念處)

3. 마음을 주의 깊게 지속적으로 알아차림 (心念處)
4. 마음의 대상을 주의 깊게 지속적으로 알아차림 (法念處)

주의 깊게 지속적으로 알아차리는 네 가지 수행이 깊어지면 긍정적 행동과 건전한 행동을 하려는 마음이 생긴다. 그래서 두 번째 목록인 올바른 정진 네 가지 즉 사정근四正勤을 수행해야 한다.

5. 과거에 했던 부정적인 행동을 하지 않는 것 (斷斷)
6. 미래에 행할지도 모를 부정적인 행동을 예방하는 것 (律儀斷)
7. 현재의 긍정적 성품과 과거의 건전한 행동을 강화하는 것 (隨護斷)
8. 미래의 건전한 행동을 하기 위해 기반을 쌓는 것 (修斷)

수행자가 일단 주의 깊게 지속적으로 알아차림과 윤리

1• 팔리 어 sati를 옮긴 것이다. 사티는 가르침을 기억하고 주의를 기울여 자각한다는 뜻을 갖고 있다. 매 순간 일어나는 일에 대해서 주의를 기울여 알아차린다는 것이다. 한자로는 정념正念·억념憶念 등으로, 한국어로는 알아차림·마음 챙김· 깨어 있음 등으로, 영어로는 mindfulness로 번역되고 있다.

적 행동을 하기 위한 토대를 단단히 쌓으면 마음을 한곳에 집중하는 사마타(心一境性)를 더욱 발달시킬 수 있다. 그렇게 되면 약한 집중력으로는 지속할 수 없는 마음 활동을 할 수 있다. 이 활동은 마음을 잘 다스리고 집중력을 필요로 하기 때문에 신통神通이라고 부른다. 그러므로 다음 단계 네 가지 요소들은 신통을 얻기 위한 조건 즉 사신족四神足이다.

9. 선정에 이르기를 바라는 열망 (慾神足)
10. 선정에 이르기 위한 즐거운 노력 (精進神足)
11. 선정에 이르기 위한 마음 집중 (心神足)
12. 선정에 이르기 위한 사유 (思惟神足)

이상의 이 열두 가지 요소를 수행하면 마음을 하나의 대상에 집중하는 선정력이 강해진다. 이 강화된 능력은 결과적으로 다른 긍정적인 마음의 능력까지 강화시킨다. 그래서 다섯 가지 능력인 오근五根이 뒤따라온다.

13. 믿는 능력 (信根)

14. 즐겁게 노력하는 능력 (精進根)

15. 주의 깊게 지속적으로 알아차리는 능력 (念根)

16. 명상에 집중하는 능력 (定根)

17. 지혜 또는 통찰하는 능력 (慧根 또는 觀根)

이 다섯 가지 능력이 발달되면 이 능력들은 다섯 가지 힘, 오력五力[2]이 된다.

18. 믿는 힘 (信力)

19. 즐겁게 노력하는 힘 (精進力)

20. 주의 깊게 지속적으로 알아차리는 힘 (念力)

21. 명상에 집중하는 힘 (禪定力)

22. 지혜의 힘 또는 통찰의 힘 (慧力 또는 觀力)

2• 오근이 충분히 발달하면 오력이 되기 때문에 구성 요소는 동일하다. 믿음·정진·주의 깊게 알아차림·선정·지혜 등이 발달한 단계에 이르면 믿음은 의심과 불신을, 노력은 게으름을, 주의 깊게 알아차림은 부주의를, 선정은 산만함을, 지혜는 무지를 없앤다.

다섯 가지 힘이 발달하면 수행자는 부처님의 핵심적 수행인 팔정도를 자연스럽게 따를 수 있다.

23. 올바른 관점 (正見)
24. 올바른 생각 (正思惟)
25. 올바른 말 (正語)
26. 올바른 행동 (正業)
27. 올바른 생계 (定命)
28. 올바른 노력 (正精進)
29. 올바른 관찰의 힘 (正念)
30. 올바른 마음 집중 (正定)

마지막 일곱 가지 요소는 깨달음을 얻는 데 도움을 주는 요소(七覺支)이다.

31. 올바른 알아차림으로 구성된 깨달음의 요소 (念覺支)
32. 올바른 열망으로 구성된 깨달음의 요소 (擇法覺支)
33. 올바른 즐거운 정진으로 구성된 깨달음의 요소 (精進覺支)
34. 올바른 평온한 기쁨으로 구성된 깨달음의 요소 (喜覺支)

35. 올바른 심신의 경쾌함으로 구성된 깨달음의 요소 (輕安覺支)
36. 올바른 마음 집중으로 구성된 깨달음의 요소 (定覺支)
37. 올바른 평정으로 구성된 깨달음의 요소 (捨覺支)

서른일곱 가지 수행은 네 가지 고귀한 진리인 사성제를 포함해 팔리 경전 속에 있는 부처님의 가르침을 실천하는 방법으로 요약된 것이다. 결과적으로 서른일곱 가지 수행은 불교의 기반이자 최초의 가르침을 담고 있는 수행이라 할 수 있다.

**십이 연기**

기본적으로 네 가지 고귀한 진리는 인과의 원리에 의해 작동되고 있다. 인과법을 명백하게 보여 준다. 부처님은 십이 연기十二緣起[3]를 설명하면서 네 가지 고귀한 진리인 사성제의 인과에 대해 자세하게 설명한다. 십이 연기법에 대한

3 십이 연기에 대해 더 자세한 설명을 보려면 달라이 라마의 『The Meaning of Life: Buddhist Perspectives on Cause and Effect (삶의 의미: 인과관)』 (Boston: Wisdom Publication, 2000)을 보라.

가르침의 핵심은 모든 현상—우리가 체험한 경험·사물·사건—이 여러 원인과 여러 조건이 만난 결과로 발생한다는 것이다. 이 가르침을 정확하게 이해하는 것이 대단히 중요하다. 앞으로 살펴보겠지만 십이 연기는 『반야심경』의 핵심인 공성에 대한 기반이 되기 때문이다. 십이 연기는 다음과 같다.

1. 무지 (無明)
2. 무지로 인한 의지 작용 (業)
3. 의식으로 인한 작용 (識)
4. 이름과 모습으로 인한 작용 (名色)
5. 감각 기관으로 인한 작용 (六處)
6. 접촉으로 인해 일어나는 마음 작용 (觸)
7. 감각 (受)
8. 애착 (葛愛)
9. 집착 (取)
10. 업력으로 만들어진 것 (有)
11. 출생 (出生)
12. 늙음과 죽음 (老死)

무지에서 시작해서 탄생과 죽음에 이르는 이 인과 고리는 깨닫지 못한 중생이 겪어야 하는 전 과정을 순차적으로 설명하고 있다. 현상의 생성이 아니라 소멸에 대해 살펴보면 늙음과 죽음의 소멸에서 시작해서 탄생을 거쳐 역순으로 진행된다. 이 역순의 표현 방식은 깨달음을 얻은 존재가 거치는 전체 과정을 인과적으로 설명하는 것이다. 따라서 십이 연기는 깨달음을 얻은 존재와 깨달음을 얻지 못한 존재가 겪는 인과적 과정을 보여 준다.

부처님은 한 개인이 경험하는 모든 것은 물론 모든 사물과 사건은 원인과 조건이 결합된 결과로 생긴 것에 불과하다는 것을 십이 연기를 통해 가르쳤다. 이것을 이해하면 모든 사물은 본래 상호 의존적이며 전적으로 다른 사물과 다른 요소가 만나 그 결과로 생긴다는 것을 알게 된다.

어떤 존재가 다른 존재에 의존해서 생긴다는 것은 고유한 실체나 독립된 실체를 갖고 있지 않음을 의미한다. 이것이 부처님의 가르침이다. 어떤 존재가 근본적으로 의존적이라면 논리적으로 그것은 다른 현상들과 별개로 존재하는 본성, 독립적으로 존재하는 본성을 갖지 않아야 한다. 인연에 의해 의존적으로 생기는 것은 무엇이든 사실상 공

空이어야 한다.

모든 현상이 독립적으로 존재하지는 않는다는 것이 왜 그렇게 중요한지 궁금한 사람도 있을 것이다. 모든 현상이 독립적으로 존재하지 않는다는 것이 중요한 이유는 공성을 명확하게 이해하는 사람만이 해탈할 수 있기 때문이며 모든 고통에서 완전히 벗어날 수 있다고 부처님이 가르치기 때문이다. 그렇다면 우리가 공성을 제대로 이해하려면 어떻게 해야 할까? 십이 연기에서 보면 깨닫지 못하는 원인은 첫 번째 연기에 있다. 독립적으로 존재하는 실체가 없다는 것을 모르는 무지(無明) 때문이다. 불교 심리학에서는 이 무지를 확인하고 없애는 방법에 대해서 정교하고도 복잡하게 설명하고 있다. 하지만 근본적으로 무지는 감정적 번뇌와 마음의 번뇌를 경험하는 형태로 나타난다. 무지에 대한 이해를 통해 어떻게 고통에서 벗어날 수 있는지를 알려면 우선 번뇌에 대해 살펴볼 필요가 있다.

### 번뇌

많은 불교 문헌에서 번뇌가 무엇인지, 번뇌를 없애야 하는 까닭에 대해서 열심히 설명하고 있다. 번뇌는 티베트 어로는 넨몽이다. 넨몽은 내면이 괴로운 것이다. 번뇌가 일어나는 순간 마음은 혼란스럽고 그렇기 때문에 고통을 수반한다.

대개 우리가 행복을 원하고 고통이 없기를 바란다고 이야기할 때 우리가 의식하는 경험들—행복을 누리고 고통을 겪지 않기를 바라는 소망—에 대해 말하는 것이다. 그러면 경험이란 어떤 현상적인 성질을 갖고 있는지 살펴보자.

우리가 의식하고 있는 경험을 눈·귀·코·혀·몸으로 느끼는 감각적 경험과 마음 자체의 경험으로 크게 나눌 수 있다. 감각적인 경험이란 몸이 통증을 느끼면 우리는 그것을 고통이라 여겨서 고통을 경험한다. 반대로 몸이 편안함을 느끼면 그것을 행복이라고 여겨서 행복을 경험한다. 이와 같이 감각적 경험은 우리로 하여금 고통과 행복을 느끼게 한다.

행불행에 대해 마음으로 느끼는 경험 즉 의식(心識) 차원에서 느끼는 경험은 몸으로 느끼는 감각적인 경험보다 훨씬 더 예민하다. 주의 깊게 살펴보면 우리가 느끼는 불행과 고통은 대부분 생각과 감정의 혼란에서 비롯된다는 것을 알 수 있다. 불행과 고통은 번뇌가 만든 결과이다. 번뇌는 구체적으로 집착·탐욕·혐오·미움·분노·자만심·질투—인간이 경험할 수 있는 모든 부정적인 감정 상태—같은 것이다. 번뇌가 일어나는 즉시 우리 마음은 소란스럽다. 불교 경전에서는 번뇌를 여섯 가지 근본적 번뇌와 스무 가지의 부가적 번뇌로 나누고 있다.[4]

우리가 체험하는 경험을 주의 깊게 지켜보면 번뇌가 일상생활에서 어떤 역할을 하는지 정확하게 알 수 있다. 일상에서 겪은 일들을 떠올리며 '오늘은 아주 평화롭고 행복했다'거나 '오늘은 아주 불안하고 힘들었다'는 생각을 한다. 이 두 경우의 차이라면 앞 경우에는 마음 상태가 번뇌에게 그다지 영향을 안 받은 것이고, 뒤 경우에는 번뇌에게 영향을 받은 것이다. 실제로 우리 마음이 동요하는 것은 번뇌 때문이다. 그런데 우리는 외부 조건들이 마음을 동요하게 만든다고 불평하는 경향이 있다. 싫어하는 사람을 만났기 때문에, 불리한 상황 때문에 자신이 불행하다고

4 여섯 가지 근본 번뇌는 집착·분노·자만심·무지·그릇된 견해·그릇된 의심 등이다. 스무 가지 파생적 번뇌(수번뇌隨煩惱)를 살펴보면 분노에서 파생된 번뇌인 격노·복수·원한·시샘·악의, 집착에서 파생된 번뇌인 인색·이기심·흥분, 무지에서 파생된 은폐·우둔·불성실·지체·태만·부주의, 집착과 무지에서 파생된 번뇌인 기만·부정직·몰염치·경솔·비양심·주의 산만 등이 있다.

생각한다. 8세기 인도의 위대한 불교학자 샨티데바(寂天)가 말했듯이 진정한 불교 수행자는 역경에 처했을 때 나무처럼 확고하고 흔들림이 없어야 한다. 곤란하고 힘든 상황이 우리 마음을 혼란스럽게 하는 것은 아니다. 힘든 상황에 처했을 때 불행하다고 느끼는 이유는 번뇌에게 지배를 받고 있기 때문이다. 샨티데바는 통제되지 않는 마음 때문에 불행하다는 사실을 우리에게 상기시켜 주고 있다.[5] 이 원리를 제대로 이해하지 못하면 번뇌에게 지배당할지도 모른다. 실제로 우리는 흔히 분노를 부추겨 번뇌로 만들기도 하고, 번뇌를 더 크게 만들기도 한다.

번뇌는 본래가 상대적이고 주관적이다. 번뇌는 절대적이거나 객관적이지 않다. 이것을 좀 더 명확하게 이해하기 위해 예를 들어 보자. 아주 끔찍하고 혐오스러운, 보기만 해도 역겨운 음식이 눈앞에 있다고 하자. 혐오감이나 역겨움 같은 번뇌들이 마음속에서 일어날 것이다. 이 번뇌들이 객관적 실체 속에 절대적인 요소를 갖고 있다면 우리가 느

5 샨티데바śāntideva 『입보리행론(Guide to the Bodhisattva's Way of life)』 제5 장.

끼는 혐오감이나 역겨움을 그 음식을 접하는 모든 사람이 느껴야 할 것이다. 또 어떤 상황에서건 느껴야 할 것이다. 다시 말해 모든 사람이 이 음식에 대해 항상 동일하게 혐오감과 역겨움을 느껴야 할 것이다. 그런데 실제로는 그렇지 않다. 어떤 문화권 사람들이 맛있다고 생각하는 음식을 다른 문화권 사람들은 혐오스러워 할 수도 있다. 음식에 대한 취향이 변하기도 한다. 한때 입맛을 가시게 했던 음식이 언젠가부터 '입맛을 당기는' 음식이 되어 우리에게 먹는 즐거움을 선사할 수도 있다. 이를 통해 알 수 있는 것은 탐탁하지 않다는 것은 우리 주관의 반영일 뿐이지 대상이나 경험에 본질적으로 존재하는 것이 아니라는 것이다.

다른 예를 살펴보자. 지금 살아 있는 모든 사람은 늙고 죽을 것이다. 늙고 죽는다는 현실은 우리가 겪어야 하는 단순한 사실이고, 논란의 여지가 없다. 하지만 많은 사람들, 특히 서양 사람들은 늙고 죽는다는 현실을 쉽게 받아들이지 못한다. 대단히 꺼려한다. 누군가에게 늙었다고 말하는 것조차 불쾌하게 여긴다고 한다. 티베트 사회의 경우, 늙고 죽는다는 것에 대해 근본적으로 다른 시각으로 본다. 나이를 먹었다는 것을 충분히 존경받을 만한 사유로 여긴다. 동일한 현상에 대해 한 문화권에서는 부정적으로 보는 것을 다른 문화권에서는 매우 긍정적으로 본다. 이 맥락에서 보자면 노화 현상 자체는 긍정적이거나 부정적인 특성을 본래 갖고 있지 않는 것이다.

이런 예를 통해서 우리 사고방식과 인식에 따라서 주어진 상황을 얼마나 다르게 받아들이는지 알 수 있다. 우리 사고방식은 생각과 감정을 반영하고, 생각과 감정은 매혹과 혐오라는 두 가지 주된 충동을 반영한다. 어떤 사물이나 사람이나 사건에 대해서 반감을 갖고 있다면 우리는 거부감을 드러내고 피하고 싶어 할 것이다. 이 거부감은 적개심 같은 다른 부정적인 감정을 생기게 할 것이다. 반면에 어떤 사물이나 사람이나 사건에 대해 호감을 갖고 있다면 우리는 매력을 느끼고, 갖고 싶어 할 것이다. 이 매력이 바탕이 되어 욕망과 집착이 생겨날 것이다. 우리는 이렇게 매력과 반감을 원동력으로 삼아 세상을 살아가고 있다.

이런 맥락에서 보면 "오늘 나는 행복하다." 또는 "오늘 나는 불행하다."라고 말할 때 그런 느낌을 결정하는 주체가 호감이나 반감이라는 사실이 명확해진다. 그렇다고 호감이나 반감 그 자체가 번뇌라는 의미는 아니다. 우리는 호감이나 반감이 지니고 있는 특성을 살펴보아야 한다.

모든 행동은 몸이나 말이나 생각으로 하는 동작이다. 다시 말하면 우리의 모든 행위는 우리가 행동하고 말하고 생각하는 것을 통해 드러난다. 이런 식으로 만들어지는 행위를 불자들은 카르마(業)이라고 부른다. 카르마는 산스크리트 어로 행동을 뜻한다. 모든 행동은 결과를 만들어 낸다. 그것을 불자들은 '업의 법칙' 또는 '인과법'이라고 부른다. 우리가 살펴봤듯이 부처님은 긍정적인 결과를 가져올 행동(善業)들을 하고, 부정적인 결과를 가져올 행동(惡業)을 피해야 한다고 가르쳤다. 반사 작용이나 생물학적 차원에서 일어나는 행동은 의식의 통제에서 완전히 벗어나 있기 때문에 도덕적으로나 업으로 볼 때 중립적이다. 하지만 우리가 의미를 부여하는 행동들은 반드시 동기나 의도에서 비롯되며 그 행동들은 파괴적이기도 하고 유익하기도 하다.

파괴적인 행동은 마음이 심란할 때 다시 말해 번뇌에게 지배당할 때 한다. 인류 역사가 시작된 이래 인간들이 저지른 모든 파괴적 행동—파리를 죽이는 사소한 행동에서부터 전쟁이라는 거대한 잔혹 행위까지—의 밑바닥에 깔려 있는 것은 마음의 번뇌들, 통제되지 않은 마음 상태이다. 무지 자체가 번뇌라는 것을 우리는 알아야 한다. 예를 들어 장기적으로 보면 부정적인 결과를 불러올 행동인데 이를 알지 못하고 단 기간에 이익을 얻기 위해 움직이는 경우가 이에 해당된다.

강한 욕망이나 강한 분노를 면밀히 살펴보면 원인은 감정 대상에 대한 우리의 집착이라는 것을 알 수 있다. 더 자세히 살펴보면 이 모든 것의 근원에는 자아와 에고가 있다. 자신과 타인에게 독립된 실체가 없다는 공성을 깨닫지 못하기 때문에 우리는 자신과 타인이 자율적이고, 객관적으로 실재하고, 독립적으로 존재하고 있다고 오해하고 있다.

8세기 인도 불교학자 찬드라키르티(月稱)가 『입중론』에서 지적한 것처럼 우리는 처음에는 자아가 독립된 실체로서 존재한다는 생각(我執)에 집착하고 다음에는 타인도 독립된 실체로서 존재한다는 생각으로 확장해 간다. 처음에 '나'라는 의식을 가진 다음, 사물과 사람을 '나의 것'이라고 여긴다. 우리 마음을 살펴보면 아집이 강할수록 부정적이고 파괴적인 감정을 더 강하게 일으킨다는 것을 알 수 있다. 독립된 실체로 존재한다는 아집과 파괴적인 감정들은 매우 밀접한 인과관계가 있다. 우리가 잘못된 믿음의 지배를 받는 한 영원한 기쁨을 누릴 여지는 전혀 없다. 이것이 바로 우리가 윤회에 갇힌다는 뜻이다. 고통은 무지의 산물일 뿐이다.

다양한 번뇌가 있고, 그 번뇌들을 구분하는 여러 방법이 있겠지만 집착과 분노와 어리석음을 마음의 세 가지 독三毒으로 구분한다. 독이 몸을 해치고, 고통스럽게 하고, 심지어 죽음에 이르게 하는 것처럼 마음의 번뇌도 극심한 고통을 일으키고 죽음을 재촉할 수도 있다.

궁극적으로 마음의 번뇌는 자신과 타인에게 고통을 야기할 뿐 아니라 행복해지는 것을 막는다. 이런 의미에서 마음의 번뇌는 진짜 우리의 적이다. 번뇌라는 내면의 적은 외부에 있는 그 어떤 적보다 훨씬 더 치명적이다. 외부에 있는 적은 최소한 피해서 숨을 곳이라도 있지만 내면에 있는 번뇌는 우리가 어디를 가든지 따라온다. 더욱이 내면의 번뇌는 결국 우리의 적으로 남는다. 언젠가 친구가 될 가능성도 거의 없다. 내면의 적인 번뇌를 피해 갈 곳도 없고, 번뇌를 내 편으로 만들 수도 없고, 번뇌가 공격을 멈추게 할 도리도 없다. 그러면 우리가 할 수 있는 것은 무엇일까?

**고통의 원인을 없애기**

독립된 실체가 없다는 공성을 이해하고, 자신을 포함한 모든 현상의 공성까지 명확히 이해하면 우리는 부정적 감정과 악업을 쌓는 행동과 번뇌의 손아귀에서 벗어날 수 있다. 이 과정을 통해서 자아가 독립된 실체로서 존재한다는 아집과 아집으로 인해 야기되는 강한 번뇌들도 일어나지 않기 시작한다. 자아와 모든 현상에 독립된 실체가 없다는 공성을 통찰하는 순간, 우리는 미혹한 생각에서 벗어나기 시작한다. 무지하기 때문에 내면의 적인 번뇌에게 지배당했던 것이다. 우리가 독립된 실체로서 존재하고 있다는 아집을 약화시킬 때 미혹한 중생의 인과에서 벗어나기 시작한다. 십이 연기의 첫 번째 고리인 아집이라는 무지를 약화시키므로 두 번째 연기가 발생하는 것을 방지하고, 궁극적으로 고통스러운 윤회에서 벗어난다.

이 모든 것은 정확히 무엇을 의미하는 것일까? 우리가 집착하는 자아가 본래 실체가 없다는 것을 안다면 개인이라는 개체로서 우리가 존재하지 않는다는 의미로 받아들일 수도 있다. 그러나 실제로는 그렇지 않다. 개인적인 경험들은 삶의 주체와 행위자로서 우리가 존재하고 있음을 보여 준다. 그렇다면 우리는 무아에 대해 어떻게 이해해야 할까? 이 통찰에서 무엇을 얻어야 할까? 여기서 명확하게 알아야 할 것은 우리 안에 본래부터 독립된 실체로서 존재하는 자아가 있다는 생각에 대한 부정이다. 관습적인 현상으로서 자아는 부정하지 않는다. 이것이 부처님의 가르침인 공성론의 핵심이다. 이런 차이를 이해하지 않고서는 무아의 의미를 제대로 이해할 수가 없다. 뒤에서 『반야심경』에 대해 깊이 있게 논의할 때 이 점에 대해서 보다 상세하게 설명할 것이다.

어떻게 하면 독립된 실체가 없다는 공성에 대해 보다 더 명확하게 이해할 수 있을까? 불교의 가르침을 수행하려면 현재 우리가 살고 있는 방식에서 벗어나려는 마음을 가져야 한다. 현재 우리가 살고 있는 방식이란 우리 몸과 마음—감각(受)·지각(想)·의지(行)·인식(識)—을 구성하는 기본 요소인 온(蘊)이 업과 번뇌의 지배를 받고 있는 상태를 말한다. 현재의 이 중생은 과거의 미혹과 번뇌가 모여 만든 결과일 뿐만 아니라 현재와 미래에 경험하게 될 고통과 번뇌의 원인으로 작용한다. 그렇기 때문에 윤회의 속박에서 벗어나겠다는 열망이 강해야 한다. 윤회에서 벗어나겠다는 마음(出離心)은 번뇌를 극복하기 위한 노력이다.

이런 맥락에서 윤회에서 벗어나겠다는 마음은 소유물을 모두 버리고, 포기하는 행동을 가리키는 것이 아니라 마음 상태를 가리키는 것이다. 우리 마음이 계속해서 무지에게 조종당한다면 영원한 행복을 얻을 가망은 없고, 끊임없이 일어나는 골칫거리에 휘둘릴 것이다. 이런 악순환, 윤회의 고리를 완전히 타파하려면 윤회하는 중생이 겪는 고통의 본성을 이해하고, 윤회에서 벗어나겠다는 강한 열망을 길러야 한다. 이것이 진정한 포기이다.

끝없이 고통이 반복되는 것, 태어나고 죽는 것을 끊임없이 반복해야 하는 것을 윤회라고 한다. 우리는 열반을 얻기 위해서 윤회를 버린다. 열반(니르바나)은 '괴로움을 벗어난 상태'를 의미하고, 윤회에서 벗어난 상태를 가리킨다. 열반의 건너편에 버려진 '괴로움'은 번뇌이다. 그래서 우리는 부정적인 마음 상태인 번뇌를 없애기 위해 다양한 수행을 한다. 수행은 번뇌로부터 우리를 보호한다. 결국 우리가 최종적으로 귀의하는 곳은 마음의 번뇌가 없는 상태이며 그것이 진실한 법(다르마)이다.

마음의 번뇌를 서서히 없애려고 할 때 처음에는 거칠고

큰 번뇌를 다루고 그 다음에 미세한 번뇌를 다룬다. 단계별로 전진한다. 3세기 인도 불교학자인 아리야데바(聖天)는 『사백론』에서 마음의 번뇌를 없애는 세 단계를 다음과 같이 설명하고 있다.

처음에는 부도덕한 것들을 버려야 한다.
그 다음에는 자아를 버려야 한다.
마지막에는 모든 견해를 버려야 한다.
현자는 이것을 아는 사람이다.[6]

수행을 할 때 처음에는 열 가지 악[7]과 같이 몸과 말과 생각으로 저지르는 거친 부정적인 행동을 삼가는 것이다. 거칠고 부정적인 행동들을 어느 정도 삼갈 수 있으면 중간 단계에서는 직접 번뇌에 해독제를 적용한다. 예를 들어 분

6 『Catuḥśatakaśāstrakārika』 8:15. 이 게송의 다른 번역본 『Yogic Deed of Bodhisattvas: Gyel-tsap on Āryadeva's Four Hundred』 by Geshe Sonam Rinchen (Ithaca: Snow Lion, 1994)을 보라.

7 열 가지 부도덕한 행동(十惡)은 살생·도둑질·간음·거짓말·중상·거친 말·쓸데없는 수다·탐욕·사악함·그릇된 견해 등이다.

노를 해소하기 위해서 자비심을 키우고, 집착을 해소하기 위해서 무상함에 대해 깊이 생각한다. 이 해독제들은 부정적 감정의 강도를 약화시킨다. 하지만 마음의 번뇌를 없애는 가장 직접적인 방법은 공성에 대한 통찰을 기르는 것이다. 마지막 단계에서는 번뇌뿐만 아니라 번뇌의 잔여물인 잠재력까지 없애려고 노력해서 번뇌가 다시 일어날 수 없도록 흔적조차 남기지 않는 것이다.

요약하면 무지는 모든 번뇌의 근원이고, 번뇌는 모든 고통의 근원이다. 무지와 번뇌가 고통의 진정한 근원(集諦)이고, 무지와 번뇌의 결과가 진정한 고통(苦諦)이다. 독립된 실체가 없다는 공성에 대한 통찰이 진정한 수행(道諦)이다. 마지막으로 우리가 이 지혜를 향상시켜 얻는 자유가 진정한 소멸(滅諦)이다.

# 제4 장 대승 불교

## 대승 불교 학파

『반야심경』을 제대로 이해하려면 대승 불교 경전 가운데 『반야심경』이 어느 위치에 있는지 알아야 한다. 『반야심경』은 대승 불교 경전인 반야부 경전의 일부이다. 반야부 경전은 부처님의 설법 가운데 두 번째 범주에 속하는 '제2 전법륜轉法輪'[8]의 핵심이 되는 가르침을 담고 있다. 대승 불교의 가르침은 부처님이 인도 라자그리하에 있는 영축산에서 가르친 설법을 근거로 삼는다. 보리수나무 아래

8• 석가모니 부처의 설법 내용을 시간 단위로 범주화 할 때 초전법륜·제2 전법륜·제3 전법륜으로 나눈다. 초전법륜은 바라나시에서 사성제와 연기법에 대해 설법을 한 것이고, 제3 전법륜은 바이샬리에서 불성에 대해 설법을 한 것인데 『대반열반경』이 이에 해당된다.

서 깨달음을 얻은 직후인 초전법륜 시절에는 고통과 고통의 소멸 등을 강조한 반면, 제2 전법륜에서는 독립된 실체가 존재하지 않는다는 공성을 강조한다.

대승 불교에는 제3 전법륜에서 온 가르침도 있다. 대승 불교 경전은 두 범주로 나눌 수 있다. 반야부 경전의 뜻을 해석해서 설명하는 경전과 불성佛性의 이론을 설명하는 경전이 있다. 반야부 경전은 공성을 강조하고 있기 때문에 제3 전법륜에서는 수행자들을 돕기 위해 반야부 경전의 뜻을 해석해서 설명한다. 그들은 대승 불교 수행을 받아들일 준비는 되었지만 아직 공성에 대한 가르침을 올바로 사용할 준비가 덜 되어 있기 때문이다. 만약 공성의 진정한 의미를 제대로 이해하지 못한 채로 반야부 경전 내용을 문자 그대로 받아들인다면 극단적인 허무주의에 빠질 위험이 있다. 부처님의 가르침은 철학자들이 말하는 허무주의가 결코 아니다. 부처님이 가르치는 본래적인 존재(自性)의 공성은 단지 '존재하지 않음'을 뜻하는 것이 아니다.

극단적인 허무주의를 피하는 방법은 독립된 실체가 없다는 공성을 특정한 현상과 관련짓는 것이다. 예를 들어 『해심밀경解深密經』에서 부처님은 자성이 없다는 무아[9]의 개념으로 반야부 경전에 대한 이해를 돕고 있다.

### 나가르주나와 대승 불교

티베트 불교에서는 대승 불교의 기원을 부처님이라고 말하지만 다른 종파 학자들은 역사적으로 이에 대해 의심을 품었고, 현대의 일부 학자들 역시 의심을 하고 있다. 2세기 인도의 유명한 불교학자 나가르주나(龍樹) 이전에도 대승 불교 기원에 대해 논란이 있었던 것 같다. 그래서 나가르주나는 『보행왕정론寶行王正論』에서 대승 경전의 정통성을 입증하기 위해 한 장 전체를 할애하고 있다. 이런 논의는 마이트레야(彌勒)의 『대승장엄경론大乘莊嚴經論』과 샨티데바의 『입보리행론入菩提行論』과 바바비베카(淸弁)의 『중관심론송中觀心論頌』에도 보인다.

먼저 나가르주나가 주장하는 내용을 살펴보자. 만약 초전법륜에서 가르친 수행들 즉 깨달음으로 이끄는 37가지

9 이 경전이 무아無我의 개념에 대해 설명하는 것을 참고하려면 제9장 유식학파의 해석을 참조하라.

수행이 깨달음으로 가는 유일한 길이라면 석가모니 부처님이 완전한 깨달음에 이른 수행 과정과 아라한이 개인적인 깨달음을 얻은 수행 과정에 실질적인 차이가 없을 것이다. 달리 말하면 개인의 고통을 소멸한 사람(열반에 이른 사람)과 완전한 깨달음에 이른 사람(부처의 경지에 이른 사람)의 지혜와 능력이 동일하다는 의미가 된다. 아라한의 상태와 완전한 깨달음에 이른 부처의 상태가 동일하다면 둘 사이에 실질적인 차이는 각 상태에 이르는 시간뿐이라는 말이 된다. 부처의 경지에 이르기 위해서는 3아승지겁 동안 공덕을 쌓으며 수행을 해야 하는 반면에 아라한의 경지에는 훨씬 더 빨리 이를 수 있다. 이에 대해 나가르주나는 수긍할 수 없다고 주장한다.

부처님이 완전한 열반(無餘涅槃)에 들 때—관습적인 관점에서는 사망하는 순간—존재의 연속체는 더 이상 이어지지 않는다는 주장이 초기 불교 당시 널리 퍼져 있었다. 이것이 사실이라면 부처님이 완전한 깨달음을 얻은 후에 다른 중생들을 돕기 위해서 활동할 수 있었던 기간이 극히 짧았다고 나가르주나는 주장한다. 부처님이 3아승지겁 동안에 공덕과 지혜를 쌓은 주된 이유가 중생을 돕기 위해

서였다. 그런데 부처님이 다른 중생들을 돕기 위해 활동한 것은 고작 수십 년에 불과하다. 스물아홉 살에 왕족의 호화로운 생활을 등지고 출가해서 서른여섯 살에 완전한 깨달음을 얻었고, 여든 살 혹은 여든 한 살에 세상을 떠났으니 말이다. 나가르주나가 보기에는 부처님이 수행했던 3겁이라는 기간과 깨달음을 얻은 후 활동했던 기간은 너무 간격이 커서 이치에 맞지 않는다는 것이다.

더 나아가 나가르주나는 최종 열반에 들었을 때 의식의 연속체心相續가 끝난다고 단정할 근거가 없다고 주장한다. 의식의 연속체를 완전히 사라지게 할 그 무엇이 없기 때문이다. 이미 주어진 현상이나 사건에 대해 분명한 해결책이 있다면 그 해결책은 주어진 현상이나 사건의 작용을 완전히 사라지게 할 수 있다고 나가르주나는 주장한다. (예를 들어 몸에 있는 독을 해독제로 치료하면 독의 작용은 완전히 사라진다.) 하지만 의식의 연속체에 관한 한 그 어떤 사건이나 행위자도 그것을 완전히 사라지게 할 수는 없다. 나가르주나는 선천적인 마음과 그 마음의 고유한 명료성을 가리는 번뇌는 별개의 두 개라고 주장한다. 의식을 혼탁하게 하는 애로나 고통은 부처님이 제시한 해결책을 효과적으로 수행하면 제거할 수 있다. 하지만 의식의 연속체는 끝없이 남아 있다.

나가르주나는 산스크리트 어로 기록된 대승 불교 경전의 가르침은 팔리 어로 기록된 경전의 가르침보다 심오할 뿐만 아니라 팔리 어로 기록된 경전의 가르침과 모순되지 않는다고 주장한다. 어떤 의미에서 대승 경전은 부처님의 초기 가르침에서 설명하고 발전한 주제에 대해 더 자세하게 설명하고 있으며 거기서 나온 개념들을 더 깊이 상세하게 설명한다. 이런 차원에서 나가르주나는 대승 불교의 정통성을 주장한다.

티베트 불교 종파 가운데 하나인 사캬파의 「수행과 결과」(티베트 어로는 람데)에 있는 고찰의 과정은 가르침의 네 가지 타당한 지식의 근거에 대해 말하고 있는데, 네 가지 요소는 타당한 부처님의 가르침·타당한 주석서·타당한 스승·타당한 자신의 경험이다. 이 요소들이 발전된 과정을 살펴보자. 부처님의 가르침을 담은 근거가 타당한 경전들이 먼저 완성되었다는 것을 알 수 있다. 이 경전들을 읽고 해석한 것을 바탕으로 근거가 타당한 주석서와 논문이 저술되었다. 주석서와 논문은 부처님의 가르침 가운데 가장 심오한 부분에 대해 설명을 더한 것이다. 나가르주나의 저술은 여기에 해당된다. 그 다음은 근거가 타당한 주석서를 통해 공부하고 수행한 경우 타당한 스승이 된다. 이들은 타당한 경전과 주석서에 설명된 주제들을 통달하고 실천한다. 마지막으로 타당한 스승의 가르침을 바탕으로 마음에 확실한 경험이나 깨달음이 자라난다.

네 가지 근거에 대한 역사적인 발달 순서와 별개로 네 가지 근거에 대한 타당성을 개인적으로 검증할 수도 있다. 부처님의 가르침에 대한 타당성을 깊이 확신하기 위해서는 우선 가르침을 어느 정도 체험할 필요가 있다. 자신의 타당한 경험이 첫 번째 요소가 된다. 타당한 경험에는 평범한 경험과 특별한 경험이 있을 수 있다. 지금 우리가 특별한 정신적 체험은 하지 못했다고 하더라도 평범한 정신적 체험은 모두 경험할 수 있다. 예를 들어 우리가 자비심에 대한 가르침을 깊이 생각할 때 마음이나 가슴속에서 변화가 일어나는 것을 느낄 수 있다. 연민 같은 견디기 힘든 느낌이 자신을 깊이 자극해 오는 것을 경험한다. 마찬가지로 우리가 공성과 독립된 실체로서 존재하는 자신이 없다는 무아에 대해 깊이 생각할 때 우리 마음은 더 깊은 영향을 받을 수도 있다. 이것이 정신적인 경험들이다.

평범한 차원에서라도 이런 경험을 했다면 그 사람은 깨달음을 얻는다는 것이 어떤 느낌인지를 맛본 것이다. 작은 경험을 바탕으로 경전·주석서·스승들의 자서전 등에서 말하는 위대한 깨달음의 타당성을 더 깊이 확신할 수 있다. 자신의 경험으로 시작해서 자신의 경험을 가르침과 스승을 검증하는 데 활용하는 것이 매우 중요하다. 실제로 이것이 우리가 할 수 있는 유일한 방법이라고 말할 수 있다.

나가르주나는 『근본중론송根本中論頌』에서 확실하고 타당한 스승인 부처님에게 존경을 표한다. 부처님은 궁극적인 실체의 본성을 가르친 스승이며, 위대한 자비심을 몸소 실천한 스승이며, 모든 중생에게 잘못된 견해를 모두 없앨 수 있는 방법을 자비롭게 가르친 스승이다. 우리의 경험을 깊이 고찰해 보면 나가르주나가 우리를 위해 설명하는 것이 옳다는 것을 인정할 수 있으며 우리가 대승 불교의 정통성을 결정한다는 것을 입증할 수 있다.

## 대승 불교의 기원

부처님이 열반한 이후 몇몇 수제자들이 부처님의 가르침을 편찬했다. 이 편찬은 실제로 다른 세 시기에 진행되었다. 대승 경전은 이 세 시기에 편찬된 팔리 어 경전의 일부가 아님이 확실하다. 더욱이 대승 경전 자체를 검토해 보면 여러 모로 문제가 많아 보이는 서술들이 발견된다. 예를 들어 반야부 경전에는 부처님이 라자그리하에 있는 영축산에서 수많은 제자들을 가르쳤다는 내용이 있다. 영축산에 가 본 사람들은 알겠지만 산 정상은 겨우 몇 사람이 간신히 앉을 정도로 좁다. 그러니 반야부 경전에 나오는 설명을 다른 차원에서 이해해야 한다. 보편적인 시간과 공간의 개념을 초월한 차원에서 이해해야 한다.

나가르주나와 아상가(無着 4세기에 생존했던 위대한 인도 학자)는 대승 불교 경전을 편찬하는 데 중요한 역할을 했다. 그들은 대승 불교의 가르침을 보존하고, 해석한 사람으로 알려져 있다. 하지만 부처님 사후 사백 년이 흐른 뒤에 나가르주나가 태어났고, 구백 년 흐른 뒤에 아상가가 태어났다. 대승 경전이 부처님 시대부터 나가르주나와 아상가 시대까지 실제로 지속되었다는 것을 보증하는 것이 무엇인지 질문해 볼 수 있다. 대승 불교 경전에서 그 연결 고리는 미륵과 문수 같은 보살들이다. 나가르주나의 경우는 문수보살이 계보를 전했다고 한다. 바바비베카는 『사택염思擇焰』에서 위대한 보살들이 대승 경전을 편찬했다고 명확하게 서술하고 있다. 이런 설명은 상황을 더 복잡하게 만든다.

대승 불교 경전의 기원에 대한 이런 설명을 보통의 시간 개념으로 어떻게 이해해야 할까? 대승 경전들은 역사적으로 실존했던 부처님이 일반 대중들에게 일상적인 차원에서 가르친 것이 아니라고 할 수도 있다.

더욱이 반야부 경전 같은 대승 경전들은 그 가르침을 받아들일 수 있는 소수의 몇 사람에게만 부처님이 가르친 것일 수도 있다. 이것은 수행자의 다양한 적성과 다양한 심신 상태에 맞춰 부처님이 가르쳤다는 주장과 일치한다.

따라서 이런 맥락에서 보면 대승 불교의 가르침은 우리가 보편적으로 이해하는 시간과 공간을 초월한 차원에서 전해졌는지도 모른다. 대승 불교 경전의 기원과 『반야심경』의 기원을 이런 식으로 이해할 수도 있다.

# 제5 장 고통에서 벗어나기

## 고통과 자비심

대승 불교의 역사적 기원과 발전과는 별개로 대승 불교가 모든 중생이 해탈하는 데 기여한 수행이라는 것은 의심할 여지가 없다. 누군가 대승 불교 수행에 입문할 때 그가 보살의 가족이 되었다고 한다. 누구든지 수행을 하면서 자비에 대해 진정한 깨달음을 얻는다면 보살의 가족이 된다. 물론 자비를 여러 단계로 이해할 수 있겠지만 최고의 자비는 궁극적으로 우리를 해탈하게 할 것이다. 여기서 진정한 자비가 의미하는 것이 무엇인지 살펴보자.

불교에서 말하는 자비는 다른 중생(모든 생명체)이 고통에서 벗어나기를 열망하는 마음 상태이다. 자비는 소극적으로 공감만 하는 것이 아니라 다른 중생이 고통에서 벗어날 수 있도록 적극적으로 돕고, 공감하는 이타심이다. 진정한 자비는 지혜와 자애를 갖추어야 한다. 다시 말해 우리가 다른 중생이 고통에서 벗어나기를 바란다면 고통의 본성을 이해해야 하고(이것이 지혜이다), 다른 중생에게 강한 친밀감을 느끼고 공감할 수 있어야 한다(이것이 자애이다). 이 두 가지 요소를 살펴보자.

부처님의 가르침에 따르면 다른 중생이 벗어나기를 바라는 고통에는 세 가지 단계가 있다. 첫 번째 단계에서 느끼는 고통은 몸과 마음으로 명백하게 느끼는 고통과 불편이다. 우리 모두가 쉽게 고통으로 느낄 수 있는 단계이다. 이 단계에서 느끼는 고통은 주로 감각적 차원에서 느끼는 불쾌함이나 통증이다. 제5 대 달라이 라마의 개인 교사였던 위대한 티베트 불교학자 판첸 롭상 최키 갤첸은 짐승들조차 육체적 고통과 괴로움을 피하려고 한다는 것을 상기시킨다.

두 번째 단계에서 느끼는 고통은 변화에서 오는 것이다. 어떤 경험이나 감각이 처음에는 즐겁고, 좋은 것처럼 보이나 결국에는 만족스럽지 않을 가능성이 내재되어 있다. 달리 말하면 어떤 경험이건 영원히 동일한 느낌으로 지속되지 않으며 좋았던 감정이나 경험도 시간이 지나면서 무덤덤해지거나 불쾌해질 수 있다. 우리 느낌이나 감각이 변하지 않는 속성을 갖고 있다면, 만약 이것이 사실이라면, 한 번 좋았던 감정이나 행복이 영원히 지속되어야 할 것이다! 실제로 즐거운 감정이나 좋았던 경험이 본래부터 있었던 것이라면 우리가 이런 감정이나 경험과 접촉을 많이 하면 할수록 더 행복해져야 한다. 그런데 실제로는 그렇지 않다. 즐거움을 많이 추구하면 할수록 환멸·불만족·불행의 강도는 더 세진다.

변화에서 오는 고통의 사례는 일상에서 쉽게 볼 수 있다. 여기서는 새 차를 산 사람을 예로 들어보자. 처음 며칠 동안은 새 차를 산 것이 좋아 정말 행복하고 즐겁다. 머릿속은 새 차 생각으로 가득하다. 애지중지하면서 먼지를 닦고, 청소하고, 광택을 낼 지도 모른다. 차 곁에서 자고 싶다고 생각할지도 모른다! 하지만 시간이 흐르면서 더 이상 처음처럼 흥분하거나 기뻐하지 않는다. 차를 대수롭지 않게 여기거나 더 비싼 차나 다른 색깔로 사지 않은 것을 후회할지도 모른다. 그 차를 처음 샀을 때 느꼈던 즐거움은 점점 사라지고 결국은 다른 차나 새 차를 사고 싶다는 새로운 욕망이 생길 것이다. 결국 새로운 불만이 생기는 것으로 끝이 난다. 이것이 불자들이 말하는 변화에서 오는 고통의 의미이다.

수행자들은 변화에서 오는 고통이라는 두 번째 단계에 대한 자각과 인식을 향상시켜야 한다. 불자들만 변화에서 오는 고통에 대해 지각하고 인식하는 것은 아니다. 변화에서 오는 고통에서 벗어나려는 노력은 삼매 명상을 하는 수행자들 사이에서도 찾아볼 수 있다.

세 번째 단계의 고통이 가장 중요하다. 세 번째 단계의 고통은 모든 현상에 나타나는 보편적인 고통이다. 이 고통은 깨닫지 못한 존재이기에 느끼는 것이다. 부정적인 여러 감정과 그 감정들 바탕에 있는 근본적 원인 즉 실체의 본성을 알지 못하는 근본적 무지가 우리를 지배한다는 사실이 바로 세 번째 고통이다. 이 근본적 무지에 지배되는 한 우리는 고통을 받는다. 깨달음을 얻지 못한 존재이기에 본질적으로 고통을 받는다. 이것이 불교에서 주장하는 바이다.

심오한 지혜를 계발하려면 가장 깊고 가장 보편적인 단계에서 고통을 이해해야 한다. 결국 이 단계의 고통에서 벗어나는 것이 진정한 열반, 진정한 해탈, 진정한 소멸이다. 첫 번째 단계의 고통에서만 벗어나는 것—몸과 마음의 불쾌한 경험에서 벗어나는 것—은 고통이 진정으로 소멸된 것이 아니다. 두 번째 단계의 고통에서 벗어나는 것도 진정한 소멸은 아니다. 하지만 세 번째 단계의 고통에서 벗어나는 것—고통의 근원에서 완전히 벗어나는 것—이 바로 진정한 소멸이며 진정한 해탈이다.

좋은 세계(善道)—행복한 인간 세계나 장수하는 천인 세계—에 환생하면 첫 번째 단계의 고통에서 벗어난다고 한다. 세속의 명상 상태를 통해 두 번째 단계의 고통에서 벗어날 수 있다. 예를 들어 삼매(禪定) 수행을 통해서 수행자는 이른바 사색계四色界[10]와 사무색계四無色界[11]를 경험할 수

10 불교에서는 이 세상이 욕계欲界와 색계色界와 무색계無色界로 이루어졌다고 한다. 중생은 지옥·아귀·짐승·아수라·인간·천의 여섯 세계(六道)에 윤회한다. 천天은 신神이나 신들의 세계를 말하는데 욕계의 천과 색계色界의 천과 무색계無色界의 천이 있다. 욕계는 탐욕과 어리석음과 분노라는 번뇌에 가득 차서 고통을 당하는 중생들이 태어나는 세계로 지옥·아귀·짐승·아수라·인간·욕계 천天으로 이루어져 있다. 색계의 존재는 모든 탐욕에서 벗어났지만 아직 물질에 대한 애착이 남아 있어서 완전히 정신적인 세계는 아니다. 그러나 욕계보다는 섬세한 물질로 이루어져 있다. 색계는 단계에 따라 네 종류의 선천禪天으로 나누어진다. 네 종류의 선정禪定을 닦으면 네 종류의 선천禪天에 태어난다고 한다. 선정의 깊이에 따라서 천의 단계가 높아진다.

11 무색계의 존재들은 물질에 대한 애착이 완전히 사라진 정신적인 세계이기 때문에 형상이 없다. 무색계에도 네 종류의 천天이 있다. 여기서 말하는 색色은 일반적인 물질을 말하는 것이 아니라 육체를 뜻한다. 색계는 욕계의 육체보다는 섬세한 차원의 육체를 갖고 있으며 무색계는 육체적인 요소가 없이

있다. 색계의 최상위 단계와 사무색계에서 중생은 쾌감과 불쾌감이 모두 없어지고 중립적인 감정 상태에 있지만 깊은 삼매에서 벗어나면 그 상태가 연장되지 않는다고 한다. 이와 같이 윤회에서 완전히 벗어나지 않고서도 첫 번째와 두 번째 단계의 고통에서는 벗어날 수 있다. 세 번째 단계의 고통에서 벗어나는 것이 진정한 다르마이며 다르마는 모든 고통과 부정적인 것으로부터 우리를 보호한다. 그 다르마로 이끄는 수행을 불도佛道라고 부른다.

이런 식으로 고통을 이해하는 것이 진정한 자비를 일으키는 첫 번째 요소이다. 진정한 자비의 두 번째 요소는 자애慈愛이다. 자애는 모든 중생에게 친밀감을 느끼고 공감하는 것이다. 우리가 서로 관련이 있고, 서로 의존하고 있다는 인식을 바탕으로 자애를 완성해야 한다. 다른 사람

정신적인 요소만 있는 세계를 말한다. 우리가 명상할 때 의식이 몰입하여 색계의 네 가지 선정에 들어 있을 때는 빛과 같이 섬세한 느낌의 육체를 느끼지만 무색계의 네 가지 선정에 들어 있을 때는 육체를 전혀 의식하지 못하고 정신적인 요소들만 느낀다. 이를 바탕으로 유추하면 이 세상에서 색계에서 네 가지 선정을 닦으면 다음 생에 색계의 4선천에 태어나고, 무색계에서 네 가지 선정을 닦으면 다음 생에 무색계의 4선천에 태어난다는 것이다.

들과 잘 어울리고 친밀감을 느끼는 능력을 계발해야 한다. 이런 능력을 키우려면 자신의 행복만을 소중히 여기는 이기심의 한계와 폐단을 기억하고, 타인을 소중히 여기는 미덕과 공덕에 대해 깊이 생각해야 한다. 의식적으로, 의도적으로 해야 한다. 제12 장에서 자비심을 일으키기 위한 수행법과 보리심菩提心이라는 이타적인 태도에 대해 더 깊이 있게 설명할 것이다.

### 모든 가르침을 통합하기

지금까지 『반야심경』을 깊이 있게 살펴볼 준비를 한 만큼 여기서 일러둘 것이 있다. 반야부 경전의 가르침을 두 가지 차원에서 이해해야 한다. 하나는 명시적인 주제인데 공성에 대한 부처님의 가르침이다. 또 하나는 숨겨진 주제인데 공성을 더 깊이 이해하는 것과 연관된 수행 단계이다. 반야부 경전은 부정한 현상인 사람의 몸과 마음을 구성하는 다섯 가지 기본 요소인 오온五蘊과 청정한 현상인 네 가지 고귀한 진리인 사성제四聖諦 등 다양한 현상을 열거하면서 매우 상세하고 명확하게 공성의 가르침을 설명하고 있다. 동시에 공성에 대한 통찰이 깊어지는 차원에서 깨달

음으로 나아가는 수행의 단계들을 함축적으로 설명하고 있다.[12]

앞에서 말한 것처럼 첫 설법인 초전법륜에서 부처님은 깨달음으로 나아가는 수행의 기본 구조를 네 가지 고귀한 진리라는 틀 안에서 제시했다. 고귀한 진리를 통해 깨달음으로 나아가는 수행의 기본 구조를 만들어 놓았다. 반야부 경전으로 구성된 제2 전법륜에서는 세 번째 고귀한 진리인 진정한 소멸(滅諦)에 대해 자세히 설명한다. 특히 독립된 실체가 없다는 공성, 실체의 궁극적 본성을 이해하는 면에서 더 자세히 설명하고 있다. 존재하는 것들의 궁극적 본성을 더 깊이 이해하면 본질적인 존재(自性)가 있다는 믿음이 잘못되었다는 것을 명확하게 인식하기 시작한다. 본질적인 존재에 대한 믿음이 잘못되었다는 것을 분명하게 알수록 실체의 진정한 본성에 대한 통찰은 더 깊어지고 더 명확해진다. 이렇게 되면 공성에 대한 주관적인 경험을 더 깊이 이해할 수 있는 기초를 구축한 것이다. 이것이 제3 전법륜의 핵심 주제

12 이 주제에 관해서는 제11 장을 보라.

이다. 제3 전법륜의 주요 경전은 『불성론佛性論』과 『불성론』을 바탕으로 저술된 마이트레아의 『보성론寶性論』, 나가르주나의 『탄송집贊頌集』이다. 이 경전들은 불성에 대한 가르침과 주관적으로 경험하는 공성에 대한 매우 상세한 설명으로 금강승(密敎)의 기초를 제공하고 있다. 이와 같은 관점에서 보면 부처님의 초기 가르침은 후기 가르침을 위한 기초가 되었고, 후기 가르침은 초기 가르침에서 다루었던 주제를 강화하며 더 깊이 설명하고 있다. 이렇게 가르침을 보완하고 있다는 것을 알 수 있다.

이와 같이 알고 나면 티베트에서 번성한 불교는 소승(상좌부)·대승·금강승 경전의 중요한 가르침을 모두 수용한 종합적인 형태라는 것을 알 수 있다. 팔리 경전에 있는 소승 불교 가르침들은 불교의 토대임을 이해하는 것이 매우 중요하다. 팔리 경전에 있는 가르침으로 시작한 다음에야 산스크리트 경전에 있는 통찰력에 의지할 수 있다. 산스크리트 경전에서는 통찰력에 대해 상세하게 설명하고 있다. 마지막으로 금강승 논전에서 배운 명상법과 관점을 통합하면 불교를 더 깊이 이해할 수 있다. 그래서 팔리 경전에 있는 핵심 가르침에 대한 이해 없이 그저 대승 불자라고

공언하는 것은 무의미하다.[13]

다양한 경전과 경전의 해석에 대해 이 정도로 깊이 이해했다면 대승과 소승이라는 이름에서 비롯된 오해 때문에 싸우는 어리석음을 범하지는 않을 것이다. 일부 대승 불자들 가운데에는 상좌부 가르침이 소승의 가르침이라 자신의 수행에 적합하지 않다고 우기면서 상좌부 가르침을 무시하는 유감스러운 경향이 있다. 마찬가지로 팔리 경전을 따르는 소승 불자들 가운데에는 대승 경전 가르침이 실제 부처님의 가르침이 아니라고 주장하며 대승 가르침의 타당성을 부인하는 경향이 더러 있다. 『반야심경』을 살필 때 중요한 것은 불교 종파들이 서로를 어떻게 보완하는지를 깊이 이해하는 것이다. 또한 모든 가르침을 개인 수행에서 어떻게 통합해야 하는지를 아는 것이다.

13 팔리 경전에 있는 주요 가르침을 접할 수 있는 권위 있는 번역은 『The Middle Length Discourses of the Buddha』 translated by Bhikkhu Nanamoli and Bhikkhu Bodhi (Boston: Wisdom Publications, 1995)를 보라.

# 제 2 부
# 반야심경

# 『반야심경』 전문

신성한 어머니인 반야바라밀[14]

산스크리트 어로는 바가바티 프라즈냐 파라미타 흐리다야

(Bhagavatī Prajnñā Pāramitā Hṛdaya)이다.

(이것은 제1 구간이다)[15]

14 이것은 달라이 라마가 2001년에 미국 캘리포니아의 마운틴뷰에서 강의할 때 사용한 판본인 티베트 역 『심경』을 번역한 것이다. 당시 통역을 맡은 존 던의 번역이 위즈덤 출판사의 요청으로 프로그램 책자에 게재되었다. 하지만 이 책에서는 내가 번역한 것을 채택했다. 이 영어 번역이 달라이 라마의 주석과 더 일관될 것이다. 영어로 번역을 할 때 글의 흐름을 위해 티베트 어 본문을 단락으로 나누어 소개했다. 잠양 갈로의 간략한 해설(부록을 보라)을 참고했다. 또한 존 던의 번역과 에드워드 콘즈의 오래된 영어 번역본도 참고했다.

15 티베트 문헌의 전통에서는 구간 번호들을 경전의 처음에 제공하는 반면에 그 장(章)의 제목을 경전 마지막에 제시한다. 『심경』은 단 하나의 구간을 갖고 있다. 경전을 분류하는 티베트 관습에 대한 주석은 제6 장 「경전의 제목을 말하고 경의를 표함」 부분을 보라.

이와 같이 나는 들었다.

세상에서 가장 존귀한 분께서 라자그리하에 있는 영축산에서 위대한 승가와 위대한 보살들과 함께 앉아 계셨다. 그때 세상에서 가장 존귀한 분은 심오한 깨달음이라는 삼매에 머물러 있었다. 그때 고귀한 성자 관자재보살은 심오한 반야바라밀 수행을 살펴보고 사람의 몸과 마음을 구성하는 다섯 가지 요소에도 독립된 실체가 없다는 것을 명확히 보았다.

그러자 덕망 있는 장로 샤리푸트라가 부처님의 불가사의한 힘을 빌려 고귀한 성자 관자재보살에게 물었다. "심오한 반야바라밀 수행을 하고 싶은 고귀한 아들딸은 어떻게 수행을 해야 합니까?"

이 말을 들은 고귀한 성자 관자재보살은 장로 샤리푸트라에게 이렇게 말했다. "샤리푸트라여, 심오한 반야바라밀 수행을 하고 싶은 고귀한 아들딸은 이렇게 명확히 보아야 한다. 사람의 몸과 마음을 구성하는 다섯 가지 요소조차에도 독립된 실체가 없음을 명확하게 보아야 한다. 몸에는 독립된 실체가 없고, 독립된 실체가 없는 것이 몸이다. 독립된 실체가 없는 것이 몸과 다르지 않고, 몸도 독립된 실체가 없는 것과 다르지 않다. 마찬가지로 감각·지각·의지·인식에도 모두 독립된 실체가 없다. 그러므로 샤리푸트라여, 모든 현상에는 독립된 실체가 없으며 모든 현상을 규정하는 특징도 없다. 모든 현상은 생기지도 않으며 사라지지도 않는다. 모든 현상은 더럽지도 않으며 깨끗하지도 않다. 모든 현상에는 결함이 있지도 않으며 완전하지도 않다.

그러므로 샤리푸트라여, 독립된 실체가 없는 공성에는 몸도 없고, 감각도 없고, 지각도 없고, 의지도 없고, 인식도 없다. 눈도 없고, 귀도 없고, 코도 없고, 혀도 없고, 몸도 없고, 마음도 없다. 모습도 없고, 소리도 없고, 냄새도 없고, 맛도 없고, 감촉도 없고, 인식의 대상도 없다. 눈의 요소도 없고, 마음의 요소도 없고, 의식의 요소도 없다. 무지도 없고, 무지가 사라지는 것도 없고, 등등, 늙고 죽는 것도 없고, 늙고 죽는 것이 사라지는 것도 없다. 마찬가지로 고통도 없고, 고통의 원인도 없고, 고통의 소멸도 없고, 고통의 소멸에 이르는 길도 없다. 지혜도 없고, 지혜를 얻는 것도 없고, 지혜를 얻지 못한 것도 없다.

그러므로 샤리푸트라여, 보살은 얻는 것이 없기에 이 반야바라밀에 의지하며 반야바라밀 안에 머문다. 보살은 마음에 숨기는 것이 없기에 두려움이 없고, 그릇됨에서 완전히 벗어났기에 최종 열반에 도달할 것이다. 삼세에 머무는 모든 부처도 이 심오한 반야바라밀에 의지해서 최고의 완전한 깨달음에 이르렀다.

그러므로 완벽한 반야바라밀 진언—위대한 지혜의 진언, 최고의 진언, 비할 데 없는 진언, 모든 고통을 사라지게 하는 진언—은 조금도 거짓이 없기에 진실하다는 것을 알아야 한다. 반야바라밀 진언을 선언한다.

타댜타 가테 가테 파라가테 파라상가테 보디 스바하!
tadyathā gate gate pāragate pārasaṃgate bodhi svāhā!

샤리푸트라여, 위대한 존재인 보살들은 이와 같이 반야바라밀을 수행해야 한다."

그러자 세상에서 가장 존귀한 분께서 삼매에서 깨어나 고귀한 관자재보살의 대답이 훌륭하다며 칭찬하셨다. "훌륭하다! 훌륭하다! 고귀한 불자여, 정말 그러하다. 정말 그러해야 한다. 수행자는 지금 들었던 것과 같이 심오한 반야바라밀을 수행해야 한다. 그리하면 여래들도 함께 기뻐할 것이다."

세상에서 가장 존귀한 분께서 이와 같이 말씀하시자 덕망 있는 장로 샤리푸트라·고귀한 관자재보살·천신·인간·아수라·건달바를 포함한 모든 청중이 함께 기뻐하고 환호했다.

# 제6 장 서론

**반야부 경전**

부처님은 다양한 중생의 기질과 정신적 성향에 맞추어 팔만사천 가지 설법을 했으며 반야부 경전은 그 중에서도 주요한 부분을 차지하고 있다. 반야부 경전은 산스크리트 불교 전승의 일부이며 『반야심경』이라고 부르는 『심경心經』을 포함하고 있다. 지금부터 『심경』에 대해 깊이 있게 살펴보자. 반야부 경전에서는 대승 불교의 이상형인 보살을 강조하고 있는데 보살은 모든 중생의 해탈을 열망하는 존재이다. 이 반야부 경전은 중국—한국·일본·베트남으로 전파되었다—과 티베트—몽고·히말라야 지역·러시아로 전파되었다—를 포함한 많은 나라에서 오랫동안 융성했다. 여러 국가의 불교 발전에 『심경』이 중요한 역할을 하고 있고, 실제로 수행자들은 매일 『심경』을 암송하고 있다.

티베트 사원 대학에서는 반야부 경전이 중요한 토론 주제가 되고 있다. 승려들은 평균 5년에서 7년에 걸쳐 이 경전을 깊이 공부한다. 뿐만 아니라 학승들은 반야부 경전의 다양한 주석서도 공부한다. 인도에서 저술된 반야부 경전 주석서 가운데 티베트 어로 번역한 것이 적어도 스물한 가지 정도 되고 티베트 어로 저술한 주석서는 더 많다. 티베트 불교의 주요종파인 닝마·사캬·카규·겔룩 모두 반야부 경전에 대한 연구를 강조한다.

유명한 티베트 불교학자인 잠양 셰파의 일화에서도 반야부 경전의 중요성을 알 수 있다. 그는 칭송받는 저술가이자 수승한 깨달음을 얻은 수행자였다. 어떤 사람이 이렇게 질문했다. "당신은 반야부 경전에 정통한 사람으로 명성이 자자합니다. 이 말인즉슨 중관 철학과 같은 다른 분야에 대해서는 지식이 그리 많지 않다는 뜻입니까?" 잠양 셰파는 이렇게 대답했다. "중관 철학을 연구하면 그것이 반야부 경전의 철학적 관점을 대변한다는 것을 알게 된다. 인식론을 연구하면 그것이 반야바라밀(지혜의 완성)을 이해하는 데 필수적인 탐구 방법을 대변한다는 것을 알게 된다. 계율을 연구하면 그것이 반야바라밀을 수행하는 수행자가 지켜야 할 계율에 대해 설명한다는 것을 알게 된다. 아비다르마를 연구하면 반야부 경전의 중심 개념인 실체에 대한 분류학을 알게 된다." 이와 같이 잠양 셰파는 반야바라밀이 다른 모든 학문의 기초라고 주장했다.

일반적으로 말하면 반야부 경전에는 각각 다른 많은 원전들이 있다. 티베트 어로 번역된 것을 모아서 『17개의 모자母子 경전』이라고 부른다. 『심경』은 이 열일곱 가지 가운데 하나며 때로는 『반야 25송』이라고 부르기도 한다.

『심경』에는 다소 다른 판본들이 있다. 예를 들어 티베트본과 중국본은 약간 다른 것 같다. 중국본은 본문이 공성에 대한 가르침을 설명하는 것으로 시작되는 반면, 티베트본은 부처님이 처음에 이 가르침을 전한 상황을 서술하고 있는 서문이 있다. 또한 티베트본과 마찬가지로 중국본은 네 가지 공성에 대해 설명한다. 반면에 일본판은 여섯 가지 공성을 설명하고 있다고 들었다. 이 책에서는 티베트본 『반야심경』을 사용할 것이다.

티베트 불교에서는 이런 설법을 시작하기 전에 설법을 하는 사람이 원전의 전수 계보를 밝히는 것이 전통이다. 나는 이 중요한 경전을 구전으로 전수했다. 『심경』의 주석서를 전수한 계보는 사라져 지금은 존재하지 않는다. 하지만 『팔천송반야경八千頌般若經』과 같은 다른 반야부 경전의 주석서 전수 계보는 아직 남아 있기에 나는 그것을 전수했다.

## 제목을 말하고 경의를 표함

신성한 어머니인 반야바라밀
산스크리트 어로는 바가바티 프라즈냐 파라미타 흐리다야(Bhagavatī Prajnñā Pāramitā Hṛdaya)이다.

『심경』은 제목을 말하는 것으로 시작한다. 티베트본 원전에도 바가바티 프라즈냐 파라미타 흐리다야라는 산스크리트 제목을 서술하고 있다. 티베트본 서두에 산스크리트 제목을 말하는 것은 이 경전의 기원을 신뢰할 수 있다는 것을 나타내기 위함이다. 또 인도어로 된 원전과 인도 전통에 대해 티베트 사람들이 전통적으로 매우 존경한다는 것을 보여 주는 대목이기도 하다.

티베트에는 불교가 7세기경에 도입되었다. 그 당시 티베트 왕인 송첸감포는 중국의 원칭(文成) 공주를 왕비 가운데

한 사람으로 맞이했고, 공주의 영향으로 중국 불교가 티베트에 유입되었다. 원칭 공주가 송첸감포 왕에게 영향을 미쳤음에도 불구하고 티베트 불교는 인도에서 직접 전래된 것으로 보아야 한다.

이 사실은 티베트 대장경을 살펴보면 명백하다. 티베트 장경에는 부처님의 가르침을 담고 있는 경전을 번역한 카규르 백여 권이 있다. 권위 있는 주석서 모음을 번역한 텐규르가 이백여 권이나 있다. 삼백 권이 넘는 이 티베트 장경 가운데 중국어 자료에서 번역된 것은 몇 권이 안 되는데 그 가운데 하나가 유명한 『해심밀경소』이다. 팔리 자료에서 번역된 것은 율장에 관련된 몇몇 원전이 있다. 소수 경전을 제외한 대부분의 티베트 장경은 산스크리트 원전에서 티베트 어로 번역했다.

학자들은 티베트 어로 번역된 경전들이 인도 원본에 매우 충실하다고 말한다. 대승 불교가 다양한 형태로 여러 나라로 전파되는 과정에서 인도어가 중요한 역할을 한 것이 아니라 티베트 어와 중국어가 중요한 역할을 담당했다. 동아시아에서는 한문 경전을 통해서 불교가 발전했고, 몽고와 히말라야 지역에서는 티베트 어 경전을 통해서 불교가 발전했다. 오늘날 티베트 어는 보살승菩薩乘 수행과 가르침을 정확하게 전달하는 중요한 언어 가운데 하나이다.

티베트 어로 번역된 『심경』에는 "바가바티 반야바라밀"이라고 쓰여 있다. 바가바티는 어머니라는 뜻을 내포하고 있다. 따라서 반야바라밀은 고귀한 존재, 성자들을 낳는 어머니에 비유된다. 제목에 있는 반야바라밀은 원전의 주제를 나타낸다. 심心이라는 글자는 방대한 반야부 경전 가운데 이 원전이 핵심—나머지 반야부 경전에서 자세하게 설명하고 있는 가르침을 축약해서 설명한 것—이라는 의미를 암시하고 있다. 이 경전은, 늘 그랬듯이, 반야부 경전의 핵심에 있다.

번역자는 이 원전의 티베트본에서 반야바라밀에 경의를 표한다. 『심경』이 티베트 어로 번역되고 나서 얼마 후부터 티베트에서는 원전을 번역할 때 책 서두에서 특정인을 명시해서 경의를 표하라는 칙령이 공표되었다. 이후부터 그것이 티베트에서 관습이 되었다. 경의를 표하는 대상에 따라 경장經藏·율장律藏·논장論藏 가운데 어디에 속하는지 알 수 있다. 만일 그 원전이 논장(아비다르마)—정교한 불교 심리학의 가르침—이면 지식과 지혜의 화신으로 알려진 문수보살에게 경의를 표했다. 만일 그 원전이 경장이면 모든 부처님과 보살에게 경의를 표했고, 원전이 율장이면 모든 것을 아는 부처님의 전지한 마음에 경의를 표했다. 이런 관습 덕분에 그 원전이 경장·율장·논장 가운데 어디에 속하는지를 쉽게 확인할 수 있다.

티베트본『심경』에는 번역자가 경의를 표한 직후에 "이것은 제1 구간이다."라는 간단한 진술이 있다. 일반적으로 이런 식으로 구간을 확인하는 것은 나중에 번역 원고에 내용이 첨가되거나 생략되는 문제가 발생하지 않도록 하기 위해서이다.『심경』은 25게송으로 된 짧은 원전이라 한 개의 구간만 있다는 것을 명시했다.

## 가르침의 기원

원전 본문은 이 설법을 하게 된 배경과 상황을 설명하는 것으로 시작된다. 실제로 두 가지 상황이 있다. 이 설법의 기원을 설명하고 있는 상식적인 상황과 궁극적 의미에서 이 가르침의 기원을 설명하는 초월적인 상황이 있다. 상식적인 상황에 대해 원전에는 이렇게 쓰여 있다.

이와 같이 나는 들었다. 세상에서 가장 존귀한 분께서 라자그리하에 있는 영축산에서 위대한 승가와 위대한 보살들과 함께 앉아 계셨다. 그때 세상에서 가장 존귀한 분은 심오한 깨달음이라는 삼매(廣大甚深照見)에 머물러 있었다.

이와 같이 원전에서는 완벽한 조건—완벽한 스승·완벽한 청중·완벽한 장소—이라고 부르는 세 가지 조건을 갖추고 있음을 보여 주고 있다. 여기서 완벽한 스승이란 부처님이며, 완벽한 청중들이란 위대한 승가와 위대한 보살들이며, 완벽한 장소란 영축산이다. 여기서 '위대한 승가'는 위대한 아라한 같은 궁극적인 승가를 의미한다.

경전에서 언급하고 있는 초월적인 상황에 대해서는 다음과 같이 쓰여 있다. "세상에서 가장 존귀한 분은 심오한 깨달음이라는 삼매에 머물러 있었다." 여기서 부처님을 바가반Bhagavan으로 지칭하고 있는데, 세상에서 가장 존귀한 분(世尊)이라고 번역한다. 산스크리트 어인 바가반은 모든 부정적인 힘을 물리친 사람을 의미한다. 부정적인 것이란 방해하는 네 가지 힘 또는 악마—번뇌의 악마·구성 요소(蘊)의 악마·죽음의 악마·감각적 즐거움에 대한 집착(산스크리트 어로는 데바푸트라라 한다. 신성한 젊은이를 뜻한다.)—를 가리킨다. 바가반은 번뇌·구성 요소·죽음·욕망을 모두 물리친 사람을 의미한다.

바가반은 방해하는 세력에서 완전히 벗어났고, 방해하는 세력이 미치는 영향이나 제약에서 벗어났다. 진실한 식견을 가리는 모든 요소를 제거했다. 새로운 식견을 성취했다고 하지 않고 장애가 제거되었다고 말하고 있다. 인식 작용은 이해하거나 아는 능력을 본래 갖추고 있다. 완전한 인식 작용을 방해하는 장애 요소가 더 이상 존재하지 않으면 본래의 아는 능력이 완전히 명백해지기 때문이다. 이 명확한 상태는 모든 것을 아는 상태이고, 모든 것을 아는 마음이다. 실제로 부처님이 갖추고 있는 전지한 마음의 주요 특징 가운데 하나는 한 가지 일을 인식할 때에도 관습적 진리와 궁극적 진리를 동시에 지각한다는 것이다. 반면에 완전한 깨달음을 얻지 못한 중생들은 궁극적 진리와 관습적 진리에 대해 어느 정도 통찰을 할지라도 그 두 관점 사이에서 우왕좌왕한다.

그 다음에 부처님은 심오한 깨달음이라는 삼매(廣大甚深照見三昧)에 머물러 있다고 말한다. 여기서 심오함(甚深)은 독립된 실체가 없다는 공성을 가리킨다. 공성을 여여如如나 사물이 있는 그대로의 모습이라고 기술하기도 한다. 공성을 심오함이라고 부르는 것은 공성을 파악하려면 매우 깊이 꿰뚫어 보는 이해력이 필요하기 때문이다. 이것은 보통 사람들의 평범한 마음으로는 매우 어렵다.

### 본질과 형상

부처님은 모든 한계와 부정적인 것을 전부 없애고, 모든 단계의 깨달음을 얻고, 완전한 깨달음을 얻은 존재이다. 완성된 지혜(반야바라밀)의 화신이다. 완성된 지혜인 진정한 다르마는 고통의 소멸과 고통이 사라지도록 하는 수행을 구체화하는 것으로 실현된다.

우리는 다르마의 결과—완전한 깨달음이라는 결과적 상태—를 공경하고 존경하기 때문에 그 상태에 이르도록 하는 모든 원인과 조건도 공경하고 존경해야 한다. 그런 상황은 앞서 말한 세 가지 완벽한 조건처럼 심오하고 초월적일 수 있다. 또는 부처님이 반야부 경전을 가르치기 위해 설법할 법좌를 마련했다는 사실처럼 단순하고 세속적일 수 있다. 부처님이 설법을 하려고 할 때 승려들이 자신의 노란 가사를 접은 후 겹겹이 쌓아 올려 법좌를 만들었다는 이야기를 경전에서 종종 볼 수 있다. 하지만 이런 공경은 위대한 개인을 대접하는 것이 아니라 스승이 구현하고 모범을 보이는 가르침에 상응하는 대접이다. 이 점을 아는 것이 아주 중요하다.

티베트에서는 설법자가 설법을 할 때 대개 법좌에 앉는 것이 전통이다. 이는 법좌에 앉은 사람이 신성하거나 귀하다는 의미가 아니며 법좌에 앉은 사람이 말하는 가르침을 존경하고 공경한다는 의미이다. 이런 맥락에서 설법자는 법좌에 오르기 전에 법좌를 향해서 세 번 절을 한다. 이것은 관습이다. 설법자가 법좌에 오르고 나면 모든 현상이 덧없는 본성을 지니고 있다는 가르침을 담고 있는 경전 게송을 암송한다. 이 전통에는 중요한 두 가지 의미가 있다. 하나는 경의를 표하는 대상이 가르침이라는 것을 설법자와 대중에게 알리는 것이다. 또 하나는 설법자가 설법을 하기 위해 높은 법좌에 앉았을 때 일어날 지도 모를 자만심을 방지하는 것이다. 법좌와 법좌 주변에서 진행되는 일련의 종교 의식은 설법자에게 설법의 동기가 세속적 이익을 구하는 욕심이 없어야 한다는 것을 상기시키기는 역할을 한다.

설법자의 자만심은 매우 현실적으로 나타나고 있다. 안타깝게도 티베트에서는 라마들이 남보다 높은 법좌에 앉기 위해서 경쟁하는 일이 가끔 있었다. "법좌 증후군"이라는 말이 있을 정도다! 제5 대 달라이 라마가 쓴 자서전을 보면 법회에 참석하는 모든 라마의 법좌 높이를 똑같이 만들었다는 이야기가 나온다. 법회 주최자가 법회 때 나타나는 이 증후군을 잘 알고 있었기 때문이다. 그러나 라마들의 꾀 많은 시자들은 법좌 방석 아래에 얇은 석판을 깔아 놓곤 했다. 두 법좌 높이는 똑같았을지 몰라도 어떤 라마는 다른 라마들보다 더 높은 곳에 앉은 셈이 되었다. 다르마의 진실한 의미도 모르는 사람들은 이토록 어리석은 기준으로 라마의 깨달음 단계를 판단하곤 했다. 법좌 높이로 라마를 판단하는 것에 그치지 않고 라마가 행차할 때 수행하는 말이 몇 마리인가에 따라 라마를 판단하기도 했다. 사람들은 말을 많이 갖고 있으면 도가 높은 라마라고 여겼다.[16] 돈 많은 산적도 많은 말을 몰고 다닌다는 것을

16• 티베트에는 유목민들이 많기 때문에 말은 경제력을 의미한다.

잘 알고 있을 텐데도 말이다!

분명히 말해서 라마의 자질을 판단하는 올바른 방법은 외적인 요소가 아니라 지혜·수행·깨달음에 의거하는 것이다. 티베트 불교 역사를 살펴보면 가진 것이라곤 아무것도 없어서 거지처럼 보였던 밀라레파 같은 위대한 스승들도 있었고, 위대한 스승이었으나 평범하고 소박한 유목민으로 살았던 카담파의 수행자인 돔톤파도 있었다. 20세기에는 파퉐 린포체와 같은 족첸 수행자도 있었다. 떠돌이 유랑자 같은 모습을 한 스승이 사람들 눈에는 정말 평범하게 보였을 것이다. 진정 위대한 스승들은 겉으로 장엄함을 드러내지 않았다.

티베트에는 라마가 쓰는 모자를 강조하는 관습이 있다. 이것은 잘못된 기준으로 스승을 존경하는 또 다른 예이다. 황모파나 적모파라는 말을 들어 봤을 것이다. 우리의 근본 스승인 석가모니는 모자를 쓴 적이 없다. 티베트 탱화에서는 나가르주나와 아상가 같은 인도의 수행자들이 모자를 쓰고 있는 모습으로 그려지고 있지만 역사적으로 검증되지 않은 사실이다. 티베트에서는 모자를 써야 하는 합당한 이유가 있다. 날씨가 춥다! 특히 대머리인 경우

모자가 아주 유용했을 것이다! 티베트 사람들은 모자 모양과 크기에 지나치게 관심이 많은 나머지 모자만 보고도 종파를 구분할 수 있을 정도다. 아주 유감스러운 일이다.

우리가 위대한 스승인 부처님이 베푼 가르침의 진수를 받아들이고, 날란다 사원의 학자들 같은 위대한 수행자들이 베푼 가르침을 이해하는 것이 정말 중요하다. 어떤 가르침이 타당한가를 판단할 때 그 기준이 되는 것은 우리를 고통에서 벗어나도록 하는가이다. 스승의 철학적 견해·윤리 규범·명상 수행이 부처님과 인도의 위대한 논사들이 베푼 가르침과 일치하는지도 중요하다. 불교 의례를 할 때 북을 두드리고, 징을 치고, 정교하게 꾸민 법복을 입고, 가면 춤을 추는 것도 중요하겠지만 진정으로 무엇이 더 중요한지를 알아야 한다.

불교가 서구로 전해진 오늘날 이 점이 특히 중요하다. 우리가 가르침의 진정한 의미를 놓친다면 서양의 불자들이 티베트 불교문화의 잘못된 측면—내면의 진리보다는 외적인 여러 형식이나 여러 장신구—을 받아들일 위험이 있다. 안타깝게도 이미 그런 징후들이 포착되고 있다. 이상한 법복을 입고 다니면서 스스로를 스승이라고 자처하는 사람들이 있는 것을 보면 말이다.

또 다른 예를 들어 보자. 최근에 내가 독일을 방문했을 때 주최 측에서 내가 묵는 호텔 방에 탱화를 걸어 놓았다. 관세음보살 탱화였는데 관세음보살 아래에는 작은 크기의 승려 모습이 있었다. 만약 그 승려가 탱화 한 구석에서 관세음보살에게 만다라 공양을 올리고 있거나 명상을 하고 있는 모습으로 묘사되었다면 적절했을 것이다. 탱화 속 승려는 북과 징을 치고 있고 옆에는 수호신들에게 공양을 올릴 때 사용하는 의례용 물병을 들고 있는 재가 불자가 있었다. 완전히 부적절한 그림이다. 티베트에서는 종교적 염원보다는 세속적 소원을 빌기 위해 수호신들에게 기도하는 일이 종종 있다. 그 탱화를 그린 화가가 서양인이라는 것을 나중에야 알았다. 그 화가는 '티베트 불교' 양식을 착각해 겉모습만 흉내 냈을 수도 있고 관세음보살을 일종의 세속적 수호신으로 여겼을 수도 있지만 그가 형상 뒤에 있는 본질을 이해하지 못한 것은 분명하다.

무엇이 중요한지 구분하지 못하는 고질적 현상은 서양인에게만 나타나는 것은 아니다. 전형적인 티베트 사원 법당에 가면 법당 중앙에 석가모니 불상이 있을 것이다. 그래야만 한다. 불교 수행자에게 석가모니는 스승이며, 안내자이며, 깨달음으로 가는 길을 알려 준 존재이다. 그러므로 마음의 평안을 석가모니 가르침 안에서 구해야 한다. 예를 들어 보자. 부정적인 행위를 한 결과로 우리가 두려움을 느껴야 한다면 그 두려움은 카르마(업)에 대한 가르침을 공경하는 데서 나와야 한다. 하지만 실제로는 그렇지 않을 때가 많다. 티베트 사원 법당에서 사람들은 부처님에게는 간단히 예경을 표한다. 불상 앞에서 잠시 머리를 조아린 다음에 법당 한쪽 구석에 있는 작고 어두운 방으로 가서 수호신에게 더 간절하게 기도를 한다. 사원들은 각자 수호신을 모시고 있는데 그 수호신들은 보통 분노하는 모습을 하고 있다. 티베트 사람들은 이 방으로 들어가서 두려운 마음으로 속삭이고 심지어 수호신을 두려워하는 것처럼 굴기도 한다. 사람들은 공양물을 가져오면 법당에 있는 불상 앞에 두기 보다는 수호신에게 바칠 때가 많다.

수호신이 있는 방에는 대개 수호신에게 차나 술을 포함해 음료 공양을 올리는 승려들이 있다. 예전에 티베트 사원에서 수호신에게 차와 술을 따라 올리는 일을 맡았던 승려에 대한 이야기를 들은 적이 있다. 원래 대머리였던 그 승려는 그 일을 맡은 지 얼마 안 돼 머리카락이 자라기 시작했다. "어떻게 머리카락이 나기 시작했어요?"라고 누군가 묻자 그 승려가 말했다. "나도 잘 모르겠소. 그런데 내가 음료 공양을 올릴 때마다 병에 남은 술 몇 방울을 내 머리에 바르곤 했소." 머리카락이 없어서 고민하는 대머리 양반들에게는 이것이 해결책이 될지도 모르겠다!

나를 포함해서 스스로를 부처님의 제자라고 생각하는 사람은 끊임없이 자신을 점검하고, 자신의 동기를 점검하고, 모든 중생이 고통에서 벗어나도록 하겠다는 열망을 지니는 것이 중요하다. 이것은 티베트의 정치 지도자이자 종교적 지도자 역할을 담당하고 있는 나에게 주어진 특별한 임무이다. 과거에 정치권력과 종교 권력을 하나로 통합한 관행이 티베트에 도움을 줄 때도 있었지만 이 체제가 갖고 있는 단점으로 인해 수많은 불법 행위가 발생했고 그로 인해 수난도 겪어야 했다. 내 경우, 설법을 하기 위해 높은 법좌에 앉을 때 자만심이 일어나는 일은 거의 없다. 하지만 만일 내 생각을 점검하지 않고 방치한다면 세속적 관심이 마음 한구석에서 일어날 지도 모른다. 예를 들어 사람들이 내 설법에 찬사를 보내면 기뻐할 수도 있고, 또 사람들이 나를 비난하면 마음이 착잡할지도 모른다. 이런 것이 세속적인 관심의 취약점이다. 자신의 수행이 진실한 다르마 수행이 되게 하려면 반드시 자신의 마음 상태와 동기를 잘 살피고, 티베트 스승들이 말하는 여덟 가지 세속적 관심[17]에 오염되지 않도록 하는 것이 중요하다.

법좌에 앉아 있는 것과 정치권력을 잡는 것은 지극히 유혹적인 일이다. 그래서 스승은 한순간도 방심할 수 없다. 세속적인 권력을 전혀 갖지 않았던 부처님을 떠올리고 『심경』 설법을 시작할 때 단지 깊은 명상에 든 부처님을 우리는 기억해야 한다.

17 실제로 정반대 내용으로 구성된 네 쌍의 세속적 관심이다. 세속적 관심에 오염되었다는 것은 한 쌍 중에서 앞의 것에 집착하거나 뒤의 것을 두려워함으로써 행동이 유발되는 것을 의미한다. 얻음과 잃음·즐거움과 고통·명성과 오명·칭찬과 비난 등이다.

## 관자재보살

『심경』본문은 다음과 같이 이어진다.

고귀한 성자 관자재보살은 심오한 반야바라밀 수행을 살펴보고 사람의 몸과 마음을 구성하는 다섯 가지 요소에도 독립된 실체가 없다는 것을 명확히 보았다.

이 경전에서 우리가 부처님 다음으로 만나는 인물이 관자재보살이다. 보살은 산스트리트 어 보디사트바bodhisattva를 번역한 용어이다. 보디사트바는 보디와 사트바라는 두 개의 단어로 구성되어 있다. 보디는 티베트 어 장춥jangchub으로 번역되고 '깨달음'을 의미한다. 사트바는 티베트 어 셈파sempa로 번역되고 '영웅' 또는 '존재'를 의미한다.

곧 보디 사트바(장춥 셈파)는 '깨달음을 얻은 영웅'을 의미한다. 깨달음을 의미하는 장춥에서 첫 번째 음절인 장은 방해하는 모든 힘을 극복하고 제거했음을 의미하고 두 번째 음절인 춥은 완전한 지혜를 깨달았음을 의미한다. '영웅적 존재'를 의미하는 셈파는 위대한 자비심을 가진 보살의 자질을 가리킨다. 보살은 충만한 자비심으로 중생에게서 결코 관심을 거두지 못하는 존재이다. 모든 중생이 행복하도록 끊임없이 보살피고, 중생의 행복을 지키기 위해 전적으로 헌신한다. 따라서 보살이라는 말 자체가 모든 중생에 대한 자비로운 관심을 바탕으로 깨달음을 얻고자 하는 영웅적 존재를 의미한다. 보살이라는 말 자체에 무한히 이타적인 존재의 특성을 담고 있다.

여기서 언급되고 있는 관자재보살을 티베트 어로는 첸레직이라고 한다. 첸레직은 위대한 자비심으로 결코 중생에게서 관심을 거두지 못하고, 깊이 염려하는 마음으로 중생을 항상 바라보고 있는 보살을 의미한다. 로케슈바라로 부르기도 하고 티베트 어로 직텐 왕축이라고 하는데 '깨달음을 얻은 세상의 지도자'라는 의미다. 『심경』에서는 관자재보살이 제10 지 보살[18]의 형상으로 나타난다.

그 다음에 이어지는 것은 "고귀한 성자 관자재보살은 심오한 반야바라밀 수행을 살펴보고"라는 문장이 나온다. 이것은 관자재보살이 심오한 반야바라밀을 수행하는 방법을 살펴보았다는 것을 의미한다. 그 다음 줄에서는 그 방법을 밝히며 이렇게 말한다. "사람의 몸과 마음을 구성하는 다섯 가지 요소에도 독립된 실체가 없음을 보았다." 이것이 곧 반야바라밀을 수행하는 의미이다.

일반적으로 부처님의 가르침을 담고 있는 경전을 세 가지로 나눈다. 부처님의 실제 가르침을 적은 경전, 부처님을 대신해서 보살이나 제자들이 말한 가르침을 적은 경전, 부처님의 불가사의한 힘을 빌려 보살이나 제자들이 말한 가르침을 적은 경전, 이렇게 나눈다. 『반야심경』 서론 부분은 부처님을 대신해 보살이 말한 가르침을 적은 두 번째 범주에 속한다. 반면에 본론은 세 번째 범주에 속한다. 다음 문

18 대승 경전들에 의하면, 보살 십지十地가 있다. 보살이 견도見道에서 공성을 직접적으로 통찰하는 순간부터 초지初地가 시작되어 다음 단계로 전진한다. 본래 산스크리트 어의 부미bhumi는 "땅"을 의미한다. 이 단계들은 보살이 공성에 대한 통찰이 깊어지는 단계에 따라 규정된다.

장을 보면 알 수 있다.

그러자 덕망 있는 장로 샤리푸트라가 부처님의 불가사의한 힘을 빌려 고귀한 성자 관자재보살에게 물었다. "심오한 반야바라밀 수행을 하고 싶은 고귀한 아들딸은 어떻게 수행을 해야 합니까?"

장로 샤리푸트라(舍利子)는 부처님의 수제자 두 사람 가운데 한 명이었고, 독립된 실체가 없다는 공성을 부처님 제자들 가운데 가장 명확하게 이해한 사람이라고 한다. 『심경』에서는 샤리푸트라를 단지 부처님의 제자가 아니라 높은 단계의 깨달음을 얻은 보살로 이해해야 한다. 원전에서 서술하고 있는 것처럼 부처님은 이 특별한 가르침을 실제로 설명하지는 않았다. 부처님은 심오한 깨달음이라는 삼매에 머물고 있었다. 관자재보살과 샤리푸트라가 이 대화를 나누도록 영감을 준 것은 부처님의 삼매였다. 관자재보살과 샤리푸트라가 나눈 대화가 『심경』에 담긴 가르침의 기초가 되었다. 샤리푸트라의 질문을 소개하면서 반야바라밀에 대한 가르침이 본격적으로 시작된다.

### 고귀한 아들딸

장로 샤리푸트라는 고귀한 성자 관자재에게 물었다. "심오한 반야바라밀 수행을 하고 싶은 고귀한 아들딸은 어떻게 수행을 해야 합니까?"라는 문장이 나온다. "고귀한 아들딸"은 문자 그대로라면 혈통을 이어받은 아들과 딸 또는 가족을 뜻하겠지만 일반적으로 자기 안에 있는 불성 즉 깨달음을 얻을 수 있는 잠재력에 눈을 뜬 사람을 의미한다. 세 종류의 깨달음을 얻는 존재 즉 경청하는 자(聲聞), 스스로 깨달은 자(緣覺), 부처님에 관계된 것이다. 특히 부처의 경지로 이끄는 보살 수행의 성향을 가진 사람들을 가리킨다. 위대한 자비심을 기르면 보살 수행의 성향을 일깨울 수 있다.

본문에서 이 구절은 6바라밀[19] 수행을 깊이 존중하는 수행자들을 의미한다. 6바라밀은 보살 수행의 핵심이다. 보살의 마음은 모든 중생이 고통에서 벗어나기를 간절히 바라는 무한한 자비심으로 가득 차 있다. 그런 무한한 자비심이 마음을 적시면 보살 수행을 하려는 마음을 일깨우게 된다. "고귀한 아들딸"은 무한한 자비심을 일으키고 보살 수행을 하겠다는 마음을 일깨우는 사람들이다.

본문에서 언급한 "고귀한 아들딸"이라는 표현에 대해 현대 수행자들이 명심해야 할 부분이 있다. 이 구절은 반야바라밀 수행의 효력에 있어 남녀 차별이 없음을 분명하게 보여 준다. 모든 불교 수행에 있어서 실제로 남녀 차별이 없는 것이 사실이다. 예를 들어 윤리와 사원 규율에 관한 율장의 가르침을 살펴보자. 불교 다르마가 살아남기 위해 율장은 필수적이다.

세 가지 의례가 율장에 따라 실행되는 곳이라면 부처님의 가르침이 존재하고, 율장이 실행되지 않는 곳이라면 부처님의 가르침도 없다고 한다.[20] 수도 생활의 윤리적 가르침·계율·수행을 면밀히 분석해 보면 남녀 수행자에게 동등하게 기회가 주어진다는 것을 알 수 있다. 율장에는 여성과 남성 모두 구족계를 받는 전통이 있다. 실제 남녀 수행자가 계율을 받는 데 있어 어느 쪽이 더 높고 어느 쪽이

19 6바라밀(pāramitā)은 보시·지계·인욕·정진·선정·지혜 등을 수행하는 것이다.

20 승가僧伽의 세 가지 기본 의례는 보름에 한 번씩 승려들이 모여서 지난 행동들을 참회하는 포살布薩, 장마철 3개월의 우안거 결제雨安居結制, 우안거의 해제解制이다.

더 낮은 것이 아니다. 비록 고대 인도 사회의 문화적 편견 때문에 구족계를 받은 비구들이 구족계를 받은 비구니들보다 지위가 높은 것으로 간주되었지만 계율 자체에 서열이 있는 것은 아니다.

실제 부처님의 가르침 자체에는 남녀 차별이 없다. 과거 특정 사회에 있었던 여성에 대한 편견이 반영된 율장의 면면을 면밀히 조사하고, 최대한 재고할 필요가 있다. 개혁과 수정이 필요한 부분이 있을 수도 있다. 예를 들어 티베트 승가에서는 전통적으로 근본설일체유부의 율장을 따른다. 이 전통에 따르면 비구니 구족계 수계식은 구족계를 받은 비구들과 구족계를 받은 비구니들이 함께 참석해야 개최할 수 있다. 우연히 이 율장의 전통을 계승한 곳에서는 현재 비구니 승단이 사라져 버렸다. 이 전통에 따르면 여성이 구족계를 받기 위해서는 구족계를 받은 비구니가 배석하는 것이 필수 조건이다. 따라서 이 율장을 따르고 있는 티베트 불교에서 여성이 구족계를 받기란 사실상 불가능하다는 의미가 된다.[21]

나는 불공평한 사례를 시정하려는 사람들 의견에 공감하지만 율장 수정은 많은 사람들이 모여 논의하고 합의를 해야만 가능하다. 한 개인이 결정할 수 있는 문제가 아니다. 더욱이 율장 수행은 소승(상좌부) 불교나 티베트 불교나 중국 불교와 같은 많은 불교 종파에게 공통적인 것이기 때문에 율장 내용을 수정하는 문제는 종파들 간에 논의가 필요하다. 다양한 종파의 구성원들이 모여서 일반적인 규율과 예외적인 규율이 무엇인지를 철저히 연구한 다음, 변화하는 시대와 문화적 상황에 상응하는 최선책을 찾아야 할 것이다. 이것은 진지하게 생각해야 하는 부분이다.

21 역사적으로 다양한 율장의 전통은 초기 불교 학파인 설분별부說分別部 학파의 주요 4대 분파에서 발달했다. 현재 스리랑카·태국·미얀마 같은 나라에서 번성하고 있는 테라바다 율장과 티베트 불교가 따르고 있는 근본설일체유부根本說一切有部의 율장은 초기 불교 학파의 4대 분파 중 두 분파에 해당한다. 중국 불교에서 수행하는 율장은 법장부法藏部의 율장이며 설분별부 4대 분파 가운데 한 분파의 하위 분파이다. 더욱이 테라바다 율장은 팔리본으로 발견되는 계경戒經—개별적 해탈 경전—에 기반을 두고 있는 반면에 티베트 불자들이 따르고 있는 근본설일체유부 율장 전통은 산스크리트본의 계경에 기반을 두고 있다. 팔리본에는 비구를 위한 227항목의 계율을 열거하는 반면에 산스크리트본에는 253항목의 계율을 열거한다. 이 차이는 부문의 부차적인 계율들을 열거하는 방식이 달라서 생긴다. 팔리본 목록에는 75항목이 있는 반면에 산스크리트본에는 112항목이 있다.

## 불성

앞에서 우리는 "고귀한 아들딸"이라는 표현은 보살 수행을 하겠다는 마음을 일깨운 개인을 가리킨다는 것에 주목했다. 본성(산스크리트 어로 고트라)은 대승 불교 경전과 비대승 경전에서 다르게 사용되고 있다. 비대승 경전에서 고트라는 적당한 욕망이나 만족할 줄 아는 능력 같이 정신 수행에 도움이 되는 성향을 가리킨다. 반면에 대승 경전에서 고트라는 불성佛性이라고 부르는 진정한 본성이라는 의미로 사용된다.

대승 불교 내에서도 불성이라는 용어는 조금씩 다른 의미로 사용되고 있다. 유식 학파에서 불성은 근본적으로 청정한 마음을 가리킨다. 불성이 계발되지 않은 상태로 있으면 '본래 갖추고 있는(自性住)' 불성이라고 하고, 불성이 계발되었을 때는 '변화된(轉依)' 불성이라고 한다. 본래 갖추고 있는 불성은 우리 모두 안에 본래부터 존재하기 때문에 본래의 열반(自性涅槃)이라고도 한다. 불성이 표현되는 것을 방해하는 번뇌는 본질적인 마음의 본성과 별개의 것이며, 깨달음에 이르는 것이 가능하다는 것은 본래의 열반이 존재하기 때문이다. 중관학파에서는 불성을 다르게 정의한다. 독립된 실체가 없다는 공성의 차원에서 특히 마음에 고유한 실체가 없다는 차원에서 불성을 정의한다. 불성을 맑은 빛과 같은 마음의 본성(光明性)이라고도 한다.

**사물이 존재하는 방식**

샤리푸트라 질문에 답을 하는 관자재의 대답이 다음에 나온다.

> 이 말을 들은 고귀한 성자 관자재보살은 장로 샤리푸트라에게 이렇게 말했다. "샤리푸트라여, 심오한 반야바라밀 수행을 하고 싶은 고귀한 아들딸은 이렇게 명확히 보아야 한다. 사람의 몸과 마음을 구성하는 다섯 가지 요소조차에도 독립된 실체가 없음을 명확하게 보아야 한다."

이 부분부터는 장로 샤리푸트라의 질문에 관자재보살이 대답하고 있다. 처음에는 간략하게 요약해서 설명하고 그 다음에는 매우 상세하게 설명한다. 나는 이 부분에서 『심경』의 명시적 주제인 공성에 대해 설명할 것이다. 그리고 나중에 『반야심경』의 진언을 다루는 부분에서는 숨겨진 주제인 공성에 대한 지혜와 관련된 수행 단계들에 대해 설명할 것이다.

관자재보살의 간결한 대답은 다음과 같다. "사람의 몸과 마음을 구성하는 다섯 가지 요소(五蘊)에도 독립된 실체가 없다."라는 것을 고귀한 아들딸은  통찰력 있게, 올바르게, 반복해서 보아야 한다는 것이다. "조차"라는 말은 모든 현상을 총망라한 것이 '공성'의 설명에 포함될 것이라는 것을 암시한다. 오온(산스크리트 어 스칸다)은 한 개인을 구성하고 있는 몸과 마음이다. 몸과 마음을 구성하고 있는 다섯 가지 요소인 오온에 독립된 실체가 없기 때문에 오온으로 구성된 개인 역시 독립된 실체가 없다. 개인인 '나'는 독립된 실체 즉 고유한 자아가 없기 때문에 '나의 것'인 몸과 마음에도 독립된 실체가 없다. 달리 말해서 오온을 사용하고 있는 개인에게도 독립된 실체가 없으며, 사용의 대상이 되는 오온에도 독립된 실체, 본질적인 존재(自性有)가 없다.

이런 식으로 살펴볼 때 몸과 마음을 구성하는 다섯 가지 요소 즉 오온으로 구성된 개인에게 독립된 실체가 없다는 것이 밝혀진다. 오온으로 구성된 현상에 독립된 실체가 없기 때문에 오온으로 구성되지 않은 현상에도 독립된 실체가 없다. 또한 윤회 속에 갇힌 중생에게 독립된 실체가 없기 때문에 모든 부처에게도 역시 독립된 실체가 없다. 마지막으로 공성 자체에도 독립된 실체가 없다. 이것이 중요한 점이다.

독립된 실체가 없다고 부정하는 과정을 통해 살피다 보면 자칫 아무것도 존재하지 않는다는 위험한 결론에 도달할 수도 있다. 그러나 독립된 실체가 없다는 '공성'의 의미를 정확하게 이해하면 위험한 결론에 이르지 않는다. '공성'에 대해 정확하게 이해하기란 어렵고, 불교 학파 간에도 공성의 정확한 의미를 규명하기 위해 논쟁하고 있다. 모든 불교 종파가 아트만 또는 고유한 자아라는 개념을 부정한다. 하지만 일부 학파에서는 사람에 한해서 자아가 없다는 무아를 인정하고 다른 현상에 대해서는 무아를 인정하지 않는다. 다른 현상에 있어서 무아를 인정하지 않는 학파들 간에도 해석을 달리 한다. 어떤 학파는 현상에 따라서 무아를 적용하지만 어떤 학파는 모든 현상에 획일적으로 무아를 적용한다. 획일적으로 무아를 적용하는 학파 가운데 어떤 학파는 관습적 차원에서조차 독립된 실체를 부정하는 반면 어떤 학파는 고유한 실체를 인정한다.

이렇게 다른 관점을 둘러싸고 광범위하게 논쟁이 일어났다. 논쟁에 대해 나중에 간단하게 언급할 것이다. 여기서 강조할 요점은 관자재보살이 장로 샤리푸트라에게 사람의 몸과 마음을 구성하는 다섯 가지 요소인 오온을 무아로 보아야 한다고 말하는 것은 오온이 존재하지 않는다고 주장하는 것과는 다르다는 것이다.

# 제8장 무아

## 궁극적 보리심

이 경전 서론 부분으로 다시 돌아가 보자. 부처님은 심오한 깨달음이라는 삼매(廣大甚深照見三昧)에 머물러 있고 관자재보살은 심오한 반야바라밀 수행을 살피는 부분이다. 일반적으로 말해 '심오한 깨달음'은 6바라밀 수행에 포함된 보살행을 의미한다. 하지만 여기서는 반야바라밀(산스크리트 어로 파라즈냐파라미타)을 의미한다. 이 경전에서 반야바라밀이 의미하는 것은 공성을 직접적으로 깨닫는 것이며 이것을 '궁극적 보리심'이라 부른다. 궁극적 보리심은 공성을 깨달은 것뿐만 아니라 보리심—모든 중생을 해탈시키기 위해서 부처가 되려는 열망—까지 포함한 것이다. 지혜와 방편이 결합하는 이 단계가 보살이 되는 첫 단계(初地)이다.

이 이타적 열망의 중요성은 아무리 강조해도 지나치지 않다. 보리심은 수행 초기에 동기를 유발하는 요소로서만 중요한 것이 아니라 수행의 모든 단계에서 수행을 보완하고 강화하는 요소로서도 중요하다. 보리심에 대한 열망은 남들을 돕고자 하는 소망과 가장 효과적으로 남을 돕기 위해 깨달음을 얻고자 하는 소망으로 이루어져 있다. 이 이타적 열망의 중요성은 아무리 강조해도 지나치지 않다. 보리심은 수행 초기에 동기를 유발하는 요소로서만 중요한 것이 아니라 수행의 모든 단계에서 수행을 보완하고 강화하는 요소로서도 중요하다. 보리심에 대한 열망은 남들을 돕고자 하는 소망과 가장 효과적으로 남을 돕기 위해 깨달음을 얻고자 하는 소망, 두 가지로 이루어진다.

**무아**

앞에서 관자재보살은 공성을 다음과 같이 간략하게 설명했다. 반야바라밀 수행을 하고자 하는 사람은 "이렇게 명확히 보아야 한다. 사람의 몸과 마음을 구성하는 다섯 가지 요소조차도 독립된 실체가 없음을 명확하게 보아야 한다." 앞 장에서 본 것처럼 오온의 개념은 자아의 본성과 자아의 존재와 밀접하게 관련되어 있다. 이제 이 부분에 대해 살펴보겠다. 고대 인도에서는 이 부분에 대해 활발하게 연구를 하면서 철학 학파들이 발달했다. 모든 학파들은 인과법에 대한 이해와 관련해서 이 부분의 중요성을 강조했다.

내가 자주 말하는 것처럼 우리 모두는 행복을 바라고 고통을 피하려는 욕구를 선천적으로 갖고 있다. 그런데 고통은 정확히 어떻게 생기는가? 행복은 정확히 어떻게 생기는가? 고통과 행복을 경험하는 자아의 본성은 무엇인가? 고통과 행복의 바탕에 있는 인과적 과정들을 깊이 살펴보면 고통과 행복은 다양한 조건이 만나 생긴다는 것을 깨닫는다. 이 조건에는 우리의 감각 기관·경험·지각과 같은 내적인 요소들뿐 아니라 모습·소리·냄새·맛·촉각의 대상 같은 외적인 요소들도 포함된다. 우리는 이렇게 묻는다. 우리를 고통스럽게도 하고 우리를 행복하게도 하는 그것들의 본성은 정확히 무엇인가? 그것들은 실제로 존재하는가? 그렇다면 어떤 방식으로 존재하는가?

인도의 모든 철학 학파—불교도와 비불교도—들은 내면세계와 외부 세계의 기원이 무엇이고, 그 세계를 경험하는 주체의 본성이 무엇인지를 묻는 질문에 다양한 철학적 답변을 제시했다. 어떤 철학 학파들은 사물과 사건—자아를 포함—이 원인 없이 생긴다고 주장하는 반면에 어떤 학파들은 영원하고 불변하는 하나의 절대적이고 근원적인 원인이 있다고 주장한다. 이 모든 질문은 오로지 우리가 자아를 어떻게 이해하느냐에 달려 있다. 그러면 여기서 우리가 자아를 어떻게 이해하고 있는지 잠시 살펴보자.

우리는 자아가 신체와 동일하다고 생각할 지도 모른다. 예를 들어 손에 통증이 있으면 본능적으로 '나는 아프다.'고 생각한다. 내 손이 곧 나는 아니지만 나는 본능적으로 아픔을 나와 동일시한다. 이런 식으로 신체에 대해 자연스럽게 자아의 개념이 생긴다.

하지만 '나'라는 느낌을 몸과 완전히 동일시할 수는 없다. 다음과 같은 예를 들어 보자. 혹시 누군가가 우리에게 늙고 허약한 우리 몸을 더 젊고 건강한 몸으로 교체해 주겠다고 제안한다면 우리는 솔깃할 것이다. 이것은 몸을 바꾸는 것을 통해 이익을 얻는 그 누군가, 비신체적 자아가 있다고 어느 정도 믿고 있음을 시사한다.

이 논리를 마음 영역에도 적용해 볼 수 있다. 만일 우리의 무지하고 미혹한 마음을 완전한 깨달음을 얻은 부처님의 마음과 바꿀 수 있다면 우리는 어떤 선택을 할까. 이 경우에도 마음의 교환을 통해 이익을 얻는 누군가, 비정신적인 자아가 있다고 여기기 때문에 마음을 교환하려고 할 것이다. 이것은 우리가 자아를 몸과 완전히 동일시하지도 않고, 마음과 완전히 동일시하지도 않는다는 것을 시사한다.

순진하게도 우리는 몸과 마음의 주인—독립적이고 뚜렷한 정체성을 가진 행위자—인 자아가 있다는 느낌에 매달린다. 환생을 믿는 사람들은 한 생에서 다음 생으로 동일한 인물을 이어주는 것이 자아라고 생각할지도 모른다. 전생을 믿지 않는 사람이라고 해도 유년기부터 중년기를 거쳐 노년기와 죽음에 이르기까지 '나'라고 하는 변하지 않는 실체가 있다고 생각한다. 분명히 우리는 여러 생이나 한 생에서, 시간이 흘러도 연속성을 유지하는 그 어떤 것이 있다는 믿음을 갖고 있다.

바로 이 연속성 때문에 불교를 제외한 많은 종교들에서는 절대적인 실체가 있다고 주장한다. 단일하고 불변하고 독립된 영혼 또는 아트만이 사람의 몸과 마음을 구성하고 있다고 주장하는 것이다. 하지만 이 자아, 이 절대적인 실체의 본질을 아주 철저하게 분석해 보면 그 어디에서도 실체를 찾을 수 없다는 사실을 분명히 알게 된다. 이 점을 불교에서는 가르치고 있다.

이런 분석을 통해 알 수 있는 것은 한 사람의 몸과 마음을 구성하는 요소인 온에 근거할 때만이 사람의 연속성에 대해 말할 수 있다는 점이다. 한 개인의 몸과 마음을 구성하는 요소가 늙을 때 우리는 그 사람이 늙었다고 한다. 그러므로 불자들은 영원하고 변하지 않는다는 개념을 부정한다. 더 나아가 영원하고 변하지 않는 자아가 있다는 주장은 형이상학적인 개념이며 마음이 만들어 낸 허구라고 주장한다. 모든 중생은 본래 자아에 대한 생각을 갖고 있지만 영원하고, 불변하고, 단일하고, 자립적인 자아의 개념은 이를 주장하는 사람들 마음에만 존재한다. 불자들은 자아의 개념에 대해 면밀히 분석한 후, 자아라는 것은 사람의 몸과 마음을 구성하는 기본 요소에 의존하는 현상으로서만 이해할 수 있다는 결론을 내렸다.

불자들은 영원하고 절대적인 자아라는 개념을 부인하는 것에 덧붙여서 몸과 마음의 주인으로서 '나', 자아가 존재한다는 순진한 생각도 부정한다. 몸과 마음을 구성하는 요소들을 벗어나서는 그 어떤 자아도 찾을 수 없기 때문에 온을 지배하는 독립적인 행위자가 있을 가능성을 부정하는 것이다. 불교의 관점에서 보면 비불교도들이 말하는 절대적이고 영원한 원리로서의 자아라는 개념은 우리 몸과 마음을 지배하는 자아가 있다고 믿는 잘못된 본능을 강화한다. 그러므로 일부 분파(설분별부)를 제외하고 고대 불교 학파들은 실질적으로 실재하고, 영구적으로 불변하는 원리로 인식되는 '자아(self)'의 개념을 부정한다.

**사법인**

우리는 무아에 대한 이론이 불교에 중심이 된다는 것을 확인했다. 실제로 불자들이 존재를 이해하는 방식에는 네 가지 중심 원리가 있다. 이것은 불교의 특징이기도 한데, 네 가지 원리를 사법인四法印이라 한다.

모든 구성된 현상은 영원하지 않다. (諸行無常)
모든 오염된 현상은 고통스럽다. (一切皆苦)
모든 현상에는 독립된 실체가 없다. (諸法無我)
열반은 진정한 평화다. (涅槃寂靜)

차례로 한 가지씩 살펴보자.

모든 구성된 현상은 영원하지 않다.

제1 원리는 우리가 경험하는 모든 사물과 사건이 매순간마다 끊임없이 변화하고 해체되는 과정을 겪고 있다는 것이다. 모든 사물은 어느 시점에서 생겨났다가 어느 시점에선가 사라진다. 모든 사물은 부서지고 해체되거나 없어진다. 우리가 일상에서 쓰고 있는 물건이나 질병, 감정 상태를 통해서도 알 수 있다. 일반적으로 이것을 이해하는 데 특별한 논리적 증명이 필요한 것은 아니다. 그 어떤 것이든 발생에서 소멸까지 매순간 끊임없이 변화하는 과정을 겪고 있다. 어떤 현상의 소멸이건 소멸은 즉석에서 발생하는 것이 아니라 계속 진행 중인 과정의 결과로서 일어난다.

매순간 해체가 진행되고 있는 과정을 인식하지 못하면 사물들이 왜 갑자기 소멸하는지에 대해 이해하는 것이 지극히 어렵거나 불가능하다. 사물이 결국에는 소멸한다는 것은 사물이 필연적으로 매순간 변화를 겪고 있다는 것을 시사한다. 사실 모든 불교 학파는 모든 사물과 사건이 발생하는 바로 순간부터 소멸의 씨앗을 지니고 있다는 것을 인정한다. 어떤 사물이나 사건이 다른 사물이나 사건의 영향을 받아서 소멸하는 것이 아니라 소멸의 씨앗을 이미 내포하고 있기 때문이다.

이 점을 보다 분명하게 설명하기 위해 한 가지 예를 들어 보자. 집 같은 건물을 생각해 보자. 상식적인 인과관계로 보면 누군가가 집을 부숴야 그 집이 없어질 것이다. 그러나 구성된 모든 현상은 변한다는 사실을 우리는 알고 있다. 누가 집을 부수든 부수지 않든 간에 그 집이 언젠가는 무너질 것이라는 사실, 사라질 것이라는 사실을 우리는 안다. 집은 많은 이유로 끊임없이 붕괴되고 있다. 그것은 본래 영원하지 않기 때문이다. 결국은 사라질 것이다.

불교의 세계관에 따르면 한 사건이 어떤 것을 발생하게 하고, 일정 시간이 지나면 또 다른 조건이 그것을 소멸하게 만든다는 것은 사실이 아니다. 불교에서는 사물이 처음에 생겨나서 일정 기간 동안 변하지 않는 상태를 유지하다가 갑자기 소멸한다는 것을 인정하지 않는다.

그런데도 우리는 사람의 탄생이나 사물이나 사건의 발생에 대해서는 긍정적 관점—어떤 것이나 탄생을 통해 존재하고, 성장을 통해 지속된다.—으로 보는 것 같다. 반면에 소멸 중인 것, 죽어 가는 것에 대해서는 부정적 관점—기존에 실제로 존재했던 것의 소멸—으로 보는 경향이 있다. 우리는 발생과 소멸, 이 두 가지를 모순되고 양립할 수 없는 것으로 여긴다. 발생과 소멸이 서로 배타적인 상태라고 생각한다.

하지만 불교의 이 첫 번째 원리가 우리에게 말하는 것은 모든 현상은 영원하지 않기 때문에 끊임없이 매순간 변화를 겪고 있다는 것이다. 이 '찰나'가 불교에서 말하는 무상無常의 정의이다. 영원하지 않기 때문에 매순간 끊임없이 변하는 것으로 무상을 이해하면 발생과 소멸은 서로 배타적이지 않다는 것을 알게 된다. 오히려 발생과 소멸은 무상이라는 하나의 현상을 두 가지 관점에서 보는 것이다.

어떤 사물이 생긴다는 바로 그 사실이 그 사물을 사라지게 만든다. 발생은 소멸을 불가피하게 만든다. 사물이 발생하는 것은 사물이 최종적으로 소멸하기 위한 기본적인 조건이다. 그러므로 모든 사물이 일시적이고 영원하지 않다는 것을 이해하면 모든 사물이 순간순간 변화의 과정을 겪고 있다는 것을 이해할 수 있다. 이것이 불교의 제1 원리—모든 구성된 현상은 영원하지 않다는 의미이다.

모든 오염된 현상은 고통스럽다.

제2 원리는 오염된 모든 사물과 사건은 불만족스럽기 때문에 고통스럽다는 것이다. 제3 장에서 보았듯이 고통에는 세 단계가 있다. 제2 원리가 의미하는 고통은 세 번째 단계인데 윤회하는 중생들의 본성인 보편적인 고통을 의미한다. 우리는 현상의 진정한 본성에 대해 모르는 상태에서 행동을 하기 때문에 우리 행동의 결과나 경험들은 업과 번뇌의 지배를 받는다. "오염된"이라는 말은 단순히 업과 번뇌의 산물이라는 의미이다.

경전에 나오는 구절을 여기서 잘 생각해 보면 도움이 될 것이다. 『십지경十地經』에서 부처님은 다음과 같이 말한다.

삼계의 온 세상이 단지 마음일 뿐이다.

유식학파는 이 구절의 의미를 우리가 지각하는 외부의 물질세계는 단지 우리 마음이 투사한 환영일 뿐이라고 해석한다. 하지만 다른 학파는 이 구절을 상당히 다르게 해석한다. 예를 들어 찬드라키르티는 경전에 나오는 이 구절을 『입중론入中論』에서 다음과 같이 해석했다.

외도들이 논전에서
'사람' 등이 창조자라고 주장하지만
그들에게는 자체적으로 존재하는 실체가 없다.
이를 깨달은 부처님은
마음만이 창조자라고 가르쳤다.[22]

자연 환경과 그 안에 있는 생명들을 포함한 온 세상은 마음이 만든 것이라는 부처님의 가르침은 독립적이고 절대적이고 신성한 창조자의 개념을 부인하는 것이라고 찬드라키르티는 이해했다. 그런데 어쩐지 온 세상을 마음이 만든다는 설명을 찬드라키르티의 중관학파가 인정하는 듯한 느낌이 이 구절에는 여전히 남아 있다.

우리는 이 생각을 어떻게 이해해야 할까? 현재 우리 몸의 기원을 거슬러 올라가 보면 우주의 시원부터 물질적으로 이어온 자취를 찾을 수 있다. 다시 말해 빅뱅과 함께 발생했

22 찬드라키르티 『입중론(Supplement to the Middle Way)』 6:86. 이 구절을 다르게 해석한 예는 C.W.Huntington 『The Emptiness of Emptiness』 (Honolulu: University of Hawaii, 1989)를 보라.

다는 우리 몸의 구성 물질들을 현대 과학을 통해서 파악할 수 있다. 그러나 전통적인 불교 우주론의 관점에서 보면 육체의 연속체는 우주의 시원 이전, 우주가 비어 있던 때, 칼라차크라 탄트라에서 말하는 '우주 먼지' 상태로 남아 있던 시기까지 거슬러 올라간다. 이 우주 먼지들은 절대적이거나 고정된 것이 아니라 모든 물질처럼 영원하지 않아 무상하다는 법칙과 변화의 법칙에 따르는 것이다.

순수한 물리적 차원의 원자나 미립자를 살펴보면 우리는 이렇게 물을 수 있다. "미립자와 원자의 결합을 통해 물리적 세계가 전개되는 과정에서 직접적으로 중생에게 고통과 행복을 경험하도록 하는 것은 무엇인가?" 불교의 관점에서 보면 이 지점에서 카르마(업)가 끼어든다. 카르마는 의지를 갖고 한 행동을 말한다. 우리가 깨달음을 얻지 못한 중생으로 살아온 것은 마음을 길들이지 않고 산 결과라는 것을 고려한다면 결국 마음이 우리 존재의 창조자이다. 업은 개개의 중생이 윤회 속에서 헤매도록 부채질한다.

말이나 몸으로 업을 쌓기도 하지만 업은 근본적으로 마음이 만드는 사건이다. 업을 쌓는 행동들은 마음속 번뇌에서 비롯된다. 번뇌가 원인이 되어 행해진다. 번뇌는 근본적인 무지 때문에 생긴다. 근본적인 무지는 사물 속에 영원하고 독립된 존재가 있다는 잘못된 믿음 때문이다. 이것은 결과는 원인과 일치해야 한다는 인과 법칙의 한 측면이다.[23] 따라서 길들여지지 않은 마음 때문에 생긴 다시 말해 업을 쌓는 행동과 번뇌의 결과로서 생긴 모든 경험과 사건은 결국 오염된 것이다. 부처님에게 공양을 올리는 행동은 관습적으로 보면 긍정적일지 모르겠지만 우리가 독립된 실체가 없다는 공성을 깨달아 무지에서 벗어나기 전까지는 그 행동도 여전히 오염된 것이며 고통의 속성을 지니고 있는 것이다.

모든 구성된 현상은 영원하지 않다는 제1 원리와 모든 오염된 현상은 고통스럽다는 제2 원리 사이에는 밀접한 추론 관계가 있다. 제1 원리에서 제2 원리를 추론할 수 있다. 제1 원리에서 모든 구성된 현상은 영원하지 않다는 말이 의미하는 것은 다른 원인과 조건이 만나 만들어진 사물이 그 자체 이외의 요소에 지배를 받는다는 점이다. 제2 원리에서

23 원인과 결과에 대한 더 광범위한 설명은 총카파 『The Great Treatise on the Stages of the Path to Enlightenment』 (Ithaka: Snow Lion, 2000) pp.209-214를 보라.

오염된 현상의 경우에는 그 현상들이 번뇌로 인해 만들어진 산물이기에 번뇌의 지배를 받고, 번뇌는 근본적 무지에서 생긴다는 뜻이다. 제1 원리는 인과 법칙을 설명하고 제2 원리는 깨닫지 못한 중생들이 겪는 인과 과정을 설명한다.

모든 현상에는 독립된 실체가 없다.

제3 원리는 사물과 사건을 포함한 모든 현상에는 고유한 실체가 없다는 것이다. 이것은 불교에서 공성을 주장할 때 사용하는 전통적인 표현이다. 우리는 이 책에서 공성 즉 독립된 실체, 고유한 실체가 없음에 대해 상세히 살펴보고 있다. 공성은 『심경』을 이해하는 데 핵심적인 역할을 한다.

지금까지 논의한 내용들을 여기서 간략하게 살펴보자. 자아를 포함한 모든 현상에는 고유한 실체가 없다. 하지만 근본적 무지로 인해 우리는 모든 현상에 독립된 실체가 있다고 착각한다. 근본적 무지는 단지 알지 못하는 상태가 아니라 잘못 알고 있는 상태라고 하는 것이 더 적절하다. 잘못 알고 있는 상태에서 우리는 사물들이 실제로 존재하는 방식과 다르게 지각한다. 잘못 지각한다. 실체의 본성이 보다 명백해질수록 무지의 힘은 더 약해진다. 존재의 본성이 보다 명백해질수록 무지가 잘못된 것임을 깨닫게 된다.

열반은 진정한 평화다.

명상을 통해 우리의 잘못된 견해가 어떻게 왜곡되어 있는지 제대로 확인하면 우리를 지배하고 있는 잘못된 견해의 힘이 자연스럽게 약해지기 시작한다. 이럴 때 우리는 잘못된 견해에서 벗어날 수 있다는 가능성을 본다. 사물에 독립된 실체 즉 고유한 실체가 있다고 고집하는 무지에서 벗어나는 것만이 유일한 진실이며, 진정으로 자유롭고 행복한 상태이며, 진정한 평화와 진정한 자유(해탈)이다.

# 제9장 공성에 대한 해석

## 두 종류의 무아

『심경』 본문으로 돌아가기 전에 공성을 보다 세밀하게 이해하기 위해 다양한 불교 학파 입장에서 무아無我를 살펴보자. 앞에서 설명한 것처럼 모든 불교 학파가 '무아'에 대해 인정한다. 하지만 무아가 정확히 무엇을 의미하는지에 대한 해석은 다양하다. 티베트 승려 교육 과정에는 각 불교 학파가 이 무아를 이해하는 방식에 대해 상세하게 서술한 문헌들이 있다. 이를 각각 학파의 교의(티베트 어로 둡타)라고 한다. 여러 문헌에 있는 다양한 철학적 관점은 고대 인도의 4대 불교 학파에서 비롯되었다. 무아에 대한 설명은 각 학파의 형성과 함께 점점 더 세밀해진다. 4대 학파는 설분별부·경량부·유식학파·중관학파이다.

티베트 불자들은 일반적으로 중관학파의 견해를 따른

다. 그렇다면 굳이 왜 중관학파 이외 다른 학파의 견해를 분석하는 데 아주 많은 시간을 소비하는지가 궁금할 것이다. 중관학파 외 다른 학파의 견해를 제대로 아는 것이 더 큰 자유(해탈)와 깨달음을 이해하는 데 어떤 도움이 될까 하는 궁금증이 생길 수도 있다. 공성을 올바르게 이해하는 것은 여러 번뇌를 성공적으로 없애는 데 매우 중요하다. 그래서 독립된 실체가 없다는 공성을 정확하게 이해하기 위해 여러 지점을 살피는 것이다. 이 점이 중요하다. 초기 학파들의 견해는 공성에 대한 부처님의 가르침을 불자들이 철저하게 적용하는 데 실패했던 방법들을 보여 준다. 그래서 이 학파들의 교의를 연구하다 보면 공성의 참된 의미를 광범위하게 이해할 수 있을 뿐더러 포착하기 어려운 관점의 심오함에 감탄하게 된다. 물론 공성에 대한 올바른 지성적 개념이 공성을 직접 깨닫는 것을 대신할 수는 없다. 하지만 지성적 이해는 직접적 깨달음에 이르기 위한 필수적인 도구이다.

교의에 관한 교재들은 무아를 두 유형—사람에 있어서 무아(人無我)와 현상에 있어서 무아(法無我)—으로 구별하고 있다. 여기서 '사람'은 우리가 갖고 있는 강한 자아감을 가리키는데 즉 우리가 자신이라고 가리키는 '나'를 말한다. '현상'은 기본적으로 사람의 몸과 마음을 구성하고 있는 요소인 온蘊을 가리키지만 다른 현상들도 모두 포함하고 있다. 4대 불교학파 가운데 초기 두 학파—설분별부와 경량부—는 사람의 무아를 명상하는 것 즉 사람에게 고유한 실체, 독립된 실체가 없다는 것을 명상하는 것이 중요하다고 강조했지만 현상의 무아에 대해서는 어떤 개념도 인정하지 않았다. 하지만 후기 두 학파—유식학파와 중관학파—는 사람의 무아와 현상의 무아에 대한 교리를 모두 받아들인다. 초기 두 학파의 제한된 무아의 개념—사람에게만 무아를 적용하는 것—은 우리가 모든 장애와 번뇌를 제거하는 데에 방해가 된다고 유식학파와 중관학파는 주장한다. 이 부분은 나중에 설명하겠다. 따라서 사람에게 고유한 실체가 없다는 것을 분명하게 깨닫는 것만으로도 엄청난 결실이긴 하겠지만 그것만으로는 고통에서 완전히 벗어날 수가 없다.

### 유식학파의 해석

우리는 대체로 일상적인 지각을 신뢰하는 편이다. 우리

가 느끼는 지각들이 타당한지 의심조차 하지 않고 당연하게 받아들인다. 우리는 순진하게도 자신이 사물을 지각하는 방식과 사물이 존재하는 방식이 동일하다고 믿는다. 또한 자아를 포함해서 모든 사건과 사물이 객관적 실체를 갖고 있는 것처럼 보이기 때문에 우리는 깊이 생각해 보지도 않고 객관적 실체가 실제로 있다고 암묵적으로 결론을 내린다. 면밀한 분석 과정을 통해서만이 우리는 그것이 사실이 아님을 알 수 있으며, 우리 지각은 객관적 실체를 정확하게 반영하지 못한다는 것도 알 수 있다.

앞에서 말한 것처럼 감각 기관·대상·마음의 지각 작용이라는 세 가지 요소가 결합했을 때 우리는 외부 세계를 경험할 수 있다. 외부 대상에 대한 지각은 곧 이어 주관적 평가로 이어진다. 매력적인지 매력적이지 않은지를 판단한다. 그 다음에는 대상에 대한 느낌을 대상이 지닌 객관적 실체라 여기며 대상에 대해 좋다거나 싫다거나 하는 우리 생각을 투사한다. 이 투사에 근거하여 강한 감정적 반응을 할지도 모른다. 만일 대상에게서 매력을 느끼지 못한다면 불쾌감이나 혐오감을 느낄 것이고, 대상에게서 매력을 느낀다면 집착이나 욕망을 느낄 것이다. 그러나 앞에서 본 것처럼 우리가 '매력적'이라는 꼬리표를 붙인 대상에는 고유한 실체가 아무것도 없다. 우리가 지각하는 호감의 대부분은 순전히 주관적이다. 우리가 강하게 감정적으로 반응하는 것을 분석해 보면 잘 알 수 있다. 감정적으로 강하게 반응할 때 우리는 자아라는 느낌에 급격하고도 즉각적으로 초점을 맞추기 때문이다.

유식학파 관점에서 보면 '저 바깥' 현실에 객관적으로 존재하는 것처럼 보이는 것(객관)은 우리 마음(주관)의 투사에 불과하다. 따라서 주관과 객관은 궁극적으로 둘이 아니라고 간주한다. 현실적 관점에서 보면 이 견해는 매우 유용하다. 우리가 대상을 지각하는 것은 단지 우리 마음이 그 대상에게 투사한 것에 불과하다. 이를 인식하면 외부 대상에 대한 집착을 감소시킬 수 있음을 어렵지 않게 알 수 있다.

유식학파는 자아가 실재한다는 것을 부정하고, 외부의 객관적인 물질적 실체가 실재한다는 것을 부정하는 데도 불구하고 주관적인 경험—말하자면 마음—은 실질적인 실체를 갖고 있다고 주장한다. 만일 마음이 고유한 실질적인 실체를 갖고 있지 않다면 선과 악, 해로운 것과 이로운 것을 구분할 기반이 없는 것이라고 유식학파는 주장한다. 또 현상이 존재하기 위해서는 현상의 다양한 작용을 단정할 객관적이고 실질적인 기반을 갖고 있어야 한다고 주장한다.

그러나 유식학파의 관점에서 보면 마음이 모든 사물과 사건을 전적으로 만든 것은 아니다. 전적으로 마음이 만든 것이라면 그저 우리가 생각하는 것만으로도 흰색이 검은 색으로 변할 수 있어야 하고 검은 색이 흰색으로 변할 수 있어야 한다. 그런데 사실은 그렇지 않기 때문에 유식학파는 내면의 주관적 경험 즉 의식 세계도 실질적인 실체를 갖고 있다는 것을 인정해야 한다고 주장한다. 따라서 유식학파는 반야부 경전에 실려 있는 공성에 대한 설명들을 곧이곧대로 받아들일 수가 없다고 주장한다. "몸도 없고 감각도 없고 지각도 없다."와 같은 표현을 문자 그대로 받아들인다면 인과 법칙에 배치되는 허무주의라는 잘못된 극단에 빠질 수 있다고 유식학파는 주장한다.

유식학파는 반야부 경전에 있는 공성을 『해심밀경』의 삼성론三性論에 의거해서 이해한다. 『해심밀경』에서는 삼성론이 아주 자세하게 설명되고 있다. 삼성론에 의하면 모든 사물과 사건은 세 가지 주요한 성질 즉 특성을 갖고 있다. 여러 가지 특정한 원인과 조건의 상호 작용인 의존하는 성질[24]에 의거해 모든 사물이나 현상이 존재한다는 것이다. 이 의존하는 성질에 근거해서 존재하는 사물이나 현상을 보면서 우리는 독립된 실체가 있다는 생각을 투사한다. 이것은 귀속된 특성[25] 때문이다. 이 귀속된 특성이 실제로 존재하는 것처럼 생각하도록 한다. 마지막으로 현상의 궁극적인 특성[26]은 이 귀속된 특성을 부정하는 것이다. 현상에 고유한 실체가 없다는 뜻인 현상의 공성이 바로 현상의 궁극적인 특성이다.

모든 사물과 사건들은 이 세 가지 특성을 갖고 있기 때문에 반야부 경전에서 말하는 "고유한 실체 또는 자아 내지는 본성"은 세 가지 성질(三性)과는 다른 것을 의미한다고 유식론자들은 주장한다. 의존하는 현상은 스스로 독자적으로 발생하지 않는다는 주장이다. 의존하는 현상은 저

24• 의타기성依他起性: 현상 세계의 모든 사물과 사건들은 어떤 인연과 조건에 의존해서 생긴다는 뜻이다.

25• 변계소집성遍計所執性: 모든 현상에 두루 분별심을 덧붙여서 마치 그것이 정말로 존재하는 것처럼 집착하는 것을 말한다.

26• 원성실성圓成實性: 모든 현상이 독립적인 실체를 갖고 있지 않은 성질을 말한다. 진실한 성질이라는 뜻이다.

절로 발생하지 않는다는 점에서 고유한 실체가 없다고 유식학파는 주장한다. 귀속된 현상은 고유한 특징을 갖고 있지 않다. 즉 우리가 현상에서 지각하는 여러 가지 특성은 우리 마음의 작용이다. 이 점에서 고유한 특성이 없다. 마지막으로 궁극적 현상들은 절대적인 것으로 머무는 것이 아니라는 점에서 고유한 성질이 없다고 한다. 즉 공성조차도 절대적이고 객관적인 실체를 갖고 있지 않다는 말이다. 유식학파는 반야부 경전의 의미를 그들이 주장하는 세 가지 성질의 맥락에서 해석한다.

결과적으로 유식학파는 경전을 문자 그대로 받아들일 수 있는 최종적인 경전(了義經)과 문자 그대로 받아들일 수는 없고 제대로 이해를 하려면 해석이 필요한 일시적인 경전(不了義經)으로 구분한다. 최소한 유식학파 견해를 따르는 사람들은 정밀한 비판적 검토를 이겨낸 가르침을 확정적 가르침으로 받아들이는 반면에 부처님의 최종적 가르침과 모순되는 개념은 해석이 필요하다고 한다.

유식학파의 주요 분파 가운데 '경전 추종 학파'가 있다. 이 학파는 영원한 자아라는 개념은 부정하지만 실제 사람 또는 자아의 기반인 알라야식(藏識)은 인정한다. 이 학파를 처음에 주창한 사람들은 만일 사람 또는 자아가 거친 의식과 동일하다면 특정한 경우에는 사람의 존재를 상정하기 어려울 것이라고 생각했다. 예를 들어 사람이 기절하거나 깊은 잠에 빠졌을 때 또는 의식이 활동하지 않는 삼매 상태일 때는 사람의 존재를 상정하기가 어려울 것이라고 생각할 것이다. 유식학파에게는 알라야식이 사람의 정체성을 상정하기 위한 더 안정된 기능을 제공한다고 여겨진 것이다. 더욱이 알라야식은 네 가지 잠재 성향[27]이 저장

27 유식학파는 받아들일 것과 피할 것에 관한 윤리 규범을 지키기 위해서 사람들이 마음의 성향에 따라 세상을 지각한다는 것을 복잡한 이론으로 발전시켰다. 일부 원전들은 인간의 성향을 15개나 열거하고 있지만 4개의 주된 성향으로 정리할 수 있다. 1)객관적 실체가 있다고 믿고 지각하는 성향 2)유사성을 지각하는 성향 3)깨닫지 못한 중생의 성향 4)언어의 성향이다. 유식학파는 이 기본적 성향들은 우리가 과거에 세상을 바라보던 습관이 남긴 흔적에서 비롯된 것이며, 이 성향들이 일상의 경험을 지배한다고 주장한다. 예를 들어 의자를 바라볼 때 우리는 '이 대상이 의자이다.'고 감지한다. 이 지각은 유사성을 보는 우리의 성향을 구체화한다. 하지만 그 대상은 의자로 보일 뿐만 아니라 의자라는 말의 근거로도 보인다. 지각의 이 측면은 우리가 사용하고 있는 언어의 성향을 나타낸다. 우리 지각의 이런 측면은 둘 다 타당하다. 하지만 이 지각의 세 번째 측면은 마치 의자가 독립된 상태를 소유하고 있는 듯이 객관적이고 실질적인 의미에서 '의자'라는 말이 지시하는 대상이 되는 것이다. 유식학파는 의자의 객관적 존재를 믿는 이런 성향은 잘못된 것이라고 주장한다. 의자를 바라보는 하나의 지각적 경험은 다양한 측면들을 갖고 있는데 여러 측면들 가운데 일부는 타당하고 일부는 부당하다는 것을 알 수 있다. 타당한 측면은 받아들이고 부당한 것은 받아들이지 않는 것이 부처님의 윤리적 가르침을 지키는 근거가 된다고 유식학파는 말한다.

되는 곳이고, 우리가 의지를 가지고 한 행동이 남긴 인상(習氣)이 저장되는 곳이다. 이 알라야식을 기반으로 일어나는 '나'라는 착각은 때로 '착각하는 의식'(染汚意)으로 구분된다. 따라서 '경전 추종 학파'는 여덟 종류의 의식—다섯 가지 감각 의식[28], 거친 의식[29], 알라야식, 염오의染汚意—이 있다고 가정한다.

## 최종적인 해석과 일시적인 해석

앞에서 살펴보았듯이 부처님 가르침의 특징 가운데 하나는 다양한 대중의 기질과 상황에 맞게 설법한다는 것이다. 다양한 불교 학파의 교의 역시도 대중의 다양한 요구들을 충족시키기 위한 것으로 볼 수 있다. 방금 유식학파가 문자 그대로 받아들일 수 있는 최종적인 가르침과 문자 그대로 받아들일 수 없기 때문에 해석이 필요한 일시적인 가르침을 어떻게 구분하는지를 보았다. 실제로 각 학파는

28• 안식眼識 · 이식耳識 · 비식鼻識 · 설식舌識 · 신식身識

29• 제6 식인 의식意識

부처님의 최종적인 경전과 일시적인 가르침을 구분하는 자체 기준을 갖고 있다. 그 과정은 비슷하다. 첫째, 부처님의 특정한 말씀이 갖는 의도를 알기 위해 분석을 사용한다. 둘째, 부처님이 특정한 말씀을 하게 된 맥락을 파악한다. 셋째, 특정한 말씀을 문자 그대로 받아들였을 때 생길 수 있는 모순을 입증한다.

이런 식으로 접근해야 한다고 경전에도 적혀 있다. 부처님의 말씀을 받아들일 때는 마치 연금술사가 금처럼 보이는 쇠붙이를 대할 때처럼 하라고 충고하는 게송이 있다. 쇠붙이를 불에 달궜을 때 변색이 되지는 않는지, 쉽게 잘리는지, 밝고 빛나게 윤을 낼 수 있는지를 확인한 다음에야 그 쇠붙이를 금으로 인정할 수 있다. 부처님은 제자들에게 자신의 가르침을 비판적으로 검증할 것을 허락했다. 부처님은 자신의 가르침이 진실인지 철저하게 탐구하고 제자가 스스로에게 적용할 수 있는 것인지 검증한 다음에만 "가르침을 받아들일 것이며 단지 존경하기 때문에 받아들이지 말 것"을 당부했다.[30]

날란다 대학 같은 고대 인도의 사원 대학에서는 학승이 스승의 저술을 비판적으로 분석하는 전통을 발전시켰다. 스승의 저술을 비판적으로 분석하는 것이 스승을 존경하지 않거나 공경하지 않는 행위로 간주되지 않았다. 예를 들어 유명한 인도 불교학자인 바수반두(世親)에게는 비묵티세나라는 제자가 있었다. 비묵티세나는 반야부 경전을 이해하는 데 있어 스승인 바수반두보다 더 뛰어났다고 한다. 그는 스승 바수반두의 유식론 해석에 이의를 제기하고, 중관학파에서 해석하는 방식으로 경전을 이해하기 시작했다.

티베트 불교에서도 이런 비슷한 사례가 있다. 19세기 닝마파 학자인 주미팜의 제자 알락 담최 창이 좋은 예이다. 알락은 스승을 대단히 존경하고 공경했지만 스승이 쓴 논전 가운데 일부 내용에 반론을 제기했다. 훗날 알락 담최 창의 제자가 스승의 저술에 대해 비판하고 반대하는 것이 적절한지를 물었다. 그러자 알락 담최 창은 즉시 이렇게 대답했다. "스승이 훌륭하다고 해도 가르치는 내용이 정확하지 않다면 지적할 수 있어야 한다!"

30 자주 인용되는 이 문장이 수록된 경전을 확인하는 것과 관련해서는 H. H. the Dalai Lama 『The World of Tibetan Buddhism』(Boston: Wisdom Publications, 1994) p.160에 나오는 주석 15번을 보라.

티베트에 이런 속담이 있다. "사람은 공경하고 존경하되 그가 쓴 논서는 철저하게 분석하라." 이 말은 건전한 마음가짐을 보여 주고, 수행할 때 의지해야 할 네 가지 가르침(四依法)을 잘 보여 주고 있다.

그저 사람에게 의지하지 말고
말씀에 의지하라.
그저 말씀에 의지하지 말고
말씀의 의미에 의지하라.
그저 일시적인 의미에 의지하지 말고
최종적인 의미에 의지하라.
그저 지성적인 이해에 의지하지 말고
직접적인 경험에 의지하라.

**중관학파의 해석**

유식학파와 대조적으로 중관학파는 반야부 경전을 '최종적인 경전'(了義經)으로 해석했다. 중관학파는 "모든 사물과 사건에는 고유한 실체가 그 어디에도 없다."라는 문장을 글자 그대로 받아들인다. 중관학파의 관점은 주관의 실존적인 상태와 객관—마음과 세계—을 구별하지 않는다. 『십만송반야경十萬頌般若經』은 이 관점을 명백하게 제시하고 있다. 궁극적 차원에서는 모든 현상이 존재하지 않는다고 설명하고 있다. 따라서 중관학파는 반야부 경전을 문자 그대로 받아들이고, 모든 현상의 공성을 확정적으로 받아들인다.

유식학파와 중관학파 간의 이런 교의 차이가 얼핏 보면 중요하지 않게 보일 수도 있다. 하지만 면밀히 살펴보면 얼마나 중대한지 알 수 있다. 유식학파는 외부 세계에 있는 현상의 공성을 인정한다. 그렇기 때문에 외부 세계에 있는 현상의 공성을 인식한다. 따라서 외부 현상들에 대한 집착과 혐오를 근절할 수도 있다. 그러나 이것만으로는 부족하다. 내면세계의 공성까지 인식하지 못하면 사람들은 고요나 희열 같은 것에 집착하고, 슬픔이나 두려움 같은 것을 싫어할 수도 있다. 모든 현상의 공성을 이해하는 것—내부와 외부, 마음과 세상을 구분하지 않는 것—이 중관학파의 치밀한 논리이다. 독립된 실체가 없다는 공성의 본질을 철저하게 이해하면 우리는 어떤 상황에서도 번뇌에 사로잡히지 않고 완전히 벗어날 수 있다.

유가행 중관학파는 내면세계와 외부 세계를 구분하는

유식학파의 견해를 받아들이면서도 내면세계와 외부 세계에 동일하게 공성을 적용한다. 하지만 중관학파들은 대체로 실체의 궁극적 본성에 관해서는 내면세계와 외부 세계를 구분하는 것이 도움이 되지 않는다고 가르친다.

더욱이 유식학파가 불가분의 원자나 미립자가 실재해야 외부 세계가 실제 존재한다고 믿었기 때문에 외부 세계의 실체를 부정하는 것이라고 중관학파는 주장한다. 그런 미립자들이 존재한다면 그것들은 외부 세계의 궁극적 구성 물질일 것이고, 객관적 세계의 기반으로 작용할 것이다. 유식학파는 불가분의 절대적인 원자라는 개념을 지지할 수 없기 때문에 물질세계는 객관적으로 실재하는 것이 아니라고 부정했다.

중관학파는 이에 대응하여 내면세계의 고유한 실체를 부정하기 위해 그것과 동일한 논증을 사용할 수 있다고 지적한다. 왜냐하면 의식 또는 마음이 독립적 실체, 고유한 실체를 갖고 있다고 인정하기 위해서는 극미한 순간의 인식이 독립적으로 존재한다고 인정해야 한다. 그것들도 실재하는 궁극적 구성 요소들이다. 중관학파는 이것을 지지할 수 없다고 말한다. 왜냐하면 우리는 매순간마다 분리되고 독립된 의식으로 존재하는 것이 아니라 연속적이고 의존해서 발생하는 인식의 흐름을 기반으로 존재하는 의식을 상상할 수 있기 때문이다. 따라서 의식과 인식의 내면세계조차 실질적인 실체를 갖고 있지 않다. 중관학파는 이 추론을 물질의 외부 세계와 의식의 내면세계에 구별 없이 적용함으로써 우리가 외부 세계와 내면세계에 대한 집착할 근거를 약화시킬 수 있다고 주장한다.

### 두 중관학파

위대한 인도 불교학자인 나가르주나는 중관학파의 창시자이다. 『중론中論』은 나가르주나의 대표 저술이다. 『중론』에 대한 주석서를 후대 학자들이 많이 저술했다. 그 중에서도 붓다팔리타와 바바비베카, 찬드라키르티가 쓴 주석서는 사람들에게 많은 영향을 미쳤다. 바바비베카는 붓다팔리타의 견해를 몇 가지 관점에서 비판했다. 찬드라키르티는 붓다팔리타의 관점을 변호하면서 대단히 영향력 있는 『중론』의 주석서를 저술했는데 그것이 『명구론明句論』이다.

『중론』을 해석하는 데 있어 붓다팔리타와 바바비베카의 결정적인 차이는 "공통적으로 나타나는 대상들"이라는 부분이다. 즉 사물의 궁극적인 존재 방식에 대해 토론할 때 상반되는 견해를 가진 사람들이 하나의 대상에 대해서 양쪽 모두가 타당한 지각을 하는 것이 가능하냐는 것이다. 바바비베카는 가능하다는 입장이다. 객관적으로 존재하는 대상은 지각하는 사람과 어느 정도 별개로 존재한다고 객관적인 실체를 주장한 바바비베카는 사물과 사건들이 어느 정도까지는 고유한 실체를 가질 수 있다고 보았다. 예를 들어 사람 또는 자아가 몸과 마음을 구성하는 요소인 온의 결합에 따라 생기는 마음의 구조물이라 하더라도 '사람'이라는 말이 가리키는 참된 대상을 찾아보면 실제로 존재하는 무엇인가를 발견할 수 있어야 한다는 것이다. 그는 궁극적으로 분석해 보면 의식이야말로 사람이라는 결론을 내렸다. 찬드라키르티는 이 의견을 반박했다.

이 견해 차이로 중관학파에 두 분파가 생겼다. 견해 차이는 후대에 공성을 입증하는 방법에서도 그대로 반영된다. 나가르주나의 『중론』에서 그랬듯이 붓다팔리타는 주로 귀류 논증법을 사용해서 공성을 설명했다. 귀류 논증법은 주로 상대방 주장의 내부적 모순을 입증하면서 논증을 진행한다. 반대로 바바비베카를 따르는 학파는 자기들이 내세운 이론을 논증하는 연역법에 의거해 추론한다. 이 방법의 차이로 중관학파는 둘로 나뉘었다. 자립적 연역법을 인정하는 사람들은 자립 논증 학파로, 귀류 논증법을 인정하는 사람들은 귀류 논증 학파로 불리게 되었다. 바바비베카의 자립 논증 학파는 후대에 즈냐나가르바 같은 학자들이 계승했고, 붓다팔리타의 귀류 논증 학파는 찬드라키르티와 샨티데바 같은 학자들이 계승했다.

나가르주나의 『중론』에 대한 붓다팔리타의 주석서를 읽어 보면 붓다팔리타는 고유한 실체라는 개념을 관습적 차원에서도 인정하지 않았다. 그는 나가르주나가 『중론』의 첫 게송에서 발생 가능한 네 가지 발생 유형—그 자체로부터·다른 것으로부터·자신과 다른 것 둘로부터·자신도 아니고 다른 것도 아닌 것으로부터—을 부정하는 것에 대해 논평할 때 발생 과정을 비판적으로 분석하면 발생 그 자체도 존재하지 않음을 알게 된다고 한다. 하지만 사물은 여러 가지 원인과 조건이 결합된 결과로 발생하는 것이기 때문에 발생이라는 개념을 관습적 차원에서 이해할 수 있다고 붓다팔리타는 분명히 말한다. 더 나아가 만일 현상들이 객관적이고 고유한 본성(自性)를 갖고 있다면 다른 요소들과 관련해 현상의 정체성과 존재를 단정할 필요가 없을 것이라고 했다. 사물과 사건들이 다른 요소와 관련되거나 서로 의존하여 이해될 수밖에 없다는 이 사실은 바로 사물과 사건이 고유한 실체 즉 자성에 의해 존재하는 것이 아니라는 것을 시사한다.

바바비베카는 모든 발생 방식이 궁극적으로 고유한 실체를 갖고 있지 않다는 점에서는 붓다팔리타의 견해에 동의하는 반면, 사물들이 그것 자체가 아닌 다른 것에 의해 발생하는 과정에서는 관습적인 고유한 실체를 갖는다고 주장했다. 붓다팔리타의 견해를 지지하는 찬드라키르티는 바바비베카의 견해를 명백히 부정한다. 찬드라키르티는 『중론주中論註』에서 주관—고통과 즐거움을 경험하는 사람—과 그 사람이 마주하고 있는 대상인 객관을 관습적 차원에서도 찾을 수 없으며 객관적이고 독립된 실체를 갖고 있지 않음을 알게 된다고 했다. 우리는 주관과 객관의 관습적인 실체를 이해함으로써 그것들의 실존적 상태를 이해할 수 있지만 그 관습적인 실체조차 공空이라고 찬드라키르티는 말한다. 찬드라키르티에 의하면 고유한 실체란 그저 거짓이며, 고유한 실체를 부정하는 것이 궁극적으로 공성을 이해하는 것이 된다.

### 공성과 연기

그러므로 귀류 논증 중관학파에게 '공성'은 '고유한 실체의 공성'을 의미한다. 그것은 아무것도 존재하지 않는다는 뜻이 아니다. 우리가 순진하게 사물들이 갖고 있을 것이라고 믿고 있던 고유한 실체가 존재하지 않는다는 뜻이다. 그렇다면 "현상은 어떤 방식으로 존재하는가?"라고 물어야 한다. 나가르주나는 『중론』 제24 장에서 현상의 존재 상태는 의존적 발생 즉 연기법의 차원에서만 이해할 수 있다고 주장한다. 일부 학파에게 있어 '의존'은 원인과 조건에 의존하는 것을 뜻하지만 귀류 논증 학파에게 의존은 주관이 붙인 개념적 명칭에 의존하는 것을 뜻한다.

경전에는 이 견해를 지지하는 내용들이 있다. 『아나바탑타의 질문』에는 그 무엇이든지 다른 조건에 의존해서 생기는 것은 본질적인 발생이 없어야 한다는 구절이 있다. 그 경전에 이렇게 쓰여 있다.

조건에서 발생하는 것은 발생하는 것이 아니다.

그것은 본질적인 고유한 발생이 없기 때문이다.
조건에 의존하는 것을 공성이라고 한다.
이 공성을 아는 사람은 평온을 유지한다.[31]

나가르주나의 『경집론經集論』과 샨티데바의 『대승집보살학론大乘集菩薩學論』에도 비슷한 구절이 있다. 샨티데바는 『대승집보살학론』의 지혜에 관한 장에서, 우리가 『심경』에서 보는 것들처럼, 현상을 광범위하게 분류하는 방법과 관련해서 고유한 존재라는 개념을 부정하는 많은 경전을 인용한다. 샨티데바는 분류법에 서술된 모든 현상이 단지 이름과 명칭일 뿐이라고 결론을 내린다.

여기서 중요한 점이 있다. 만일 사물과 사건이 전혀 존재하지 않는다면 『심경』에서 말하는 사람의 몸과 마음을 구성하는 다섯 가지 요소인 오온과 깨달음에 이르는 37가지 수행에 열거된 것을 일관성 있게 이해하는 것이 불가능하다

31 이 구절은 총카파의 중관학파의 공성관에 대해 서술한 여러 저술에서 자주 인용되고 있다.

는 것이다. 만일 공성론이 이런 현상의 실체를 부정했다면 그것들을 열거하는 것이 무의미할 것이다. 공성 이론이 시사하는 것은 사물이 존재하지만 본래부터 존재한 것은 아니며 의존적 발생(緣起) 차원에서 이해할 수 있다는 점이다.

귀류 논증 중관학파가 기술한 것처럼—모든 현상에는 고유한 존재의 흔적조차 없다.—공성을 이해한다면 아집이 생길 근거가 없다. 이 현실적인 관점에서 보면 귀류 논증 중관학파가 이해한 공성은 부처님의 무아론을 최고로 세밀하게 이해한 것이다.

# 제10 장 실체에 대한 올바른 견해 배양

## 독립된 실체를 올바로 부정하기

앞에서 말한 모든 철학적 논의가 갖고 있는 기본 요점은 다음과 같다. 우리가 지각하는 사물의 존재 방식은 실제로 사물들이 존재하는 방식과 일치하지 않는다. 다시 말해 이것은 우리가 경험하는 사실을 허무한 것이라고 부정하지는 않는다. 사물과 사건의 존재에 대해 논쟁을 하는 것이 아니다. 사물과 사건이 존재하는 방식을 명확하게 밝히는 것이다. 이것이 바로 이 복잡한 분석을 통해 살펴보는 요점이다.

수행자라면 사물과 사건에 구체적으로 존재하는 실체가 있다는 잘못된 확신을 부정해야 한다. 이 관점을 지니는 것이 매우 중요하다. 이런 관점을 가질 때 우리를 지배하는 번뇌의 힘이 약화되기 시작한다. 일상적으로 하는 수행—진언 암송·관상—만으로는 이 근본적인 무지를 없앨 수 없다. "독립된 실체가 있다고 착각하는 망념이 사라지게 하소서." 라고 바라는 것만으로는 부족하다. 고유한 실체, 독립된 실체가 없다는 공성의 본성을 철저하게, 분명하게 이해해야 한다. 이것이 고통에서 완전하게 벗어나는 유일한 방법이다. 공성의 본성을 분명하게 이해하지 못한 상태에서 관상을 하고 진언을 암송한다면 실체적 존재가 있다는 잘못된 믿음이 소멸하기는커녕 자아와 세상에 객관적 실체가 있다는 잘못된 믿음을 강화할 수도 있다.

많은 불교 수행은 해결책을 적용하는 것으로 진전된다. 예를 들어 이기심에 대한 해결책으로서 남들을 돕겠다는 열망을 기른다. 사물과 사건들이 변하지 않고, 확고하다는 믿음에 대한 해결책으로서 실체의 무상한 본성을 파악하게 한다. 마찬가지로 실체의 본성—사물과 사건의 공성—을 올바르게 통찰함으로써 고유한 실체가 있다는 믿음을 서서히 약화시켜 마침내 제거할 수 있다.

**두 가지 진리에 대한 이해**

『심경』에서는 이렇게 말한다.

사람의 몸과 마음을 구성하는 다섯 가지 요소에조차 독립된 실체가 없음을 명확하게 보아야 한다. 몸에는 독립된 실체가 없고, 독립된 실체가 없는 것이 몸이다. 독립된 실체가 없는 것이 몸과 다르지 않고, 몸도 독립된 실체가 없는 것과 다르지 않다.

이 구절은 반야바라밀을 어떻게 기를 것인지를 묻는 샤리푸트라에게 관자재보살이 간결하게 대답한 부분이다. "독립된 실체가 없다."라는 구절은 고유한 실체, 본질적인 존재가 없다는 뜻이며 공성을 가장 세밀하게 철저하게 이해하라는 것이다. 그 다음 줄에서는 "몸에는 독립된 실체가 없고, 독립된 실체가 없는 것이 몸이다. 독립된 실체가 없는 것이 몸과 다르지 않고, 몸도 독립된 실체가 없는 것과 다르지 않다."라는 말로 더 자세하게 설명을 한다.

독립된 실체가 없다는 공성을 절대적인 실체 또는 독립된 진리라고 우리가 오해하지 않는 것이 중요하다. 독립된 실체가 없다는 공성을 사물과 사건의 진정한 본성으로 이해해야 한다. 따라서 "몸에는 독립된 실체가 없고, 독립된 실체가 없는 것이 몸이다. 독립된 실체가 없는 것이 몸과 다르지 않고, 몸도 독립된 실체가 없는 것과 다르지 않다."라는 구절이 나온다. 이것은 저 밖 어딘가에 있는 모종의 위대한 공성에 대해 말하는 것이 아니라 어떤 특정한 현상—이 경우에는 몸 또는 물질—의 공성에 대해 말하는 것이다.

"몸에는 독립된 실체가 없다."라는 문장이 시사하는 것은 몸의 공성이 바로 몸의 궁극적 본성이라는 것이다. 몸은 고유하거나 독립된 존재를 갖고 있지 않다. 따라서 몸의 본성은 공성이다. 이 본성—공성—은 몸과 별개의 것이 아니라 오히려 몸의 특성이다. 공성은 몸의 존재 방식이다. 몸과 몸에 독립된 실체가 없다는 공성을 통합해서 이해해야 한다. 몸과 공성은 두 개의 독립된 실체가 아니다.

"몸에는 독립된 실체가 없고, 독립된 실체가 없는 것이 몸이다."라는 관자재보살의 두 문장을 더 면밀히 살펴보자. 첫 번째 문장인 "몸에는 독립된 실체가 없다."가 의미하는 것은 우리가 몸이라고 인식하는 것은 많은 원인과 조건이 모인 결과로 생긴 것이지 몸 자체가 독립적 수단에 의해 생긴 것이 아니라는 것이다. 몸은 많은 부분들로 구성된 현상이다. 몸은 다른 원인들과 조건들을 기반으로 생겨나서 지속되기 때문에 의존적인 현상이다. 이 의존이 의미하는 것은 몸은 어떤 고유하고, 독립적인 실체를 갖고 있지 않다는 것이다. 따라서 몸은 공성이라는 뜻이다.

그 다음에 "독립된 실체가 없는 것이 몸"이라는 문장을 살펴보자. 몸은 독립된 존재를 갖고 있지 않기 때문에 몸은 다른 현상들로부터 격리될 수가 없다. 따라서 '의존'은 다른 사물과 관련되어 변할 수 있음을 시사한다. 이 근본적인 가능성 때문에 몸은 확고한 것이 아니라 변화를 겪고, 인과법이 적용된다. 다시 말해 물질은 원인과 조건의 상호 작용으로 생기는 것이고 독립된 확고한 실체를 갖고 있지 않기 때문에 물질은 다른 물질 요소와 만나 원인과 조건으로 상호 작용할 수 있다. 따라서 다른 원인과 조건이 된다. 이 모든 것이 복잡하고 상호 연관된 실체의 일부이다. 물질 요소들은 확고하고 격리된 독자성을 갖고 있지 않기 때문에 공성은 몸이 존재하기 위한 기반이라고 말할 수 있다. 사실상 어떤 의미에서는 공성이 몸을 만든다고 말할 수도 있다. "독립된 실체가 없는 것이 몸이다."라는 문장은 공성의 발현 또는 표현인 몸의 관점에서 또 공성에서 나온 것이라는 관점에서 이해할 수 있다.

겉보기에 추상적으로 보이는 몸과 공성의 관계는 물질

적 대상과 공간의 관계와 다소 유사하다. 빈 공간이 없으면 물질적 대상들은 존재할 수가 없다. 공간은 물리적 세계를 존재하게 하는 매개체이다. 하지만 물질적 대상들이 어떤 의미에서는 그것들이 차지하고 있는 물리적 공간과 별개인 반면에 몸과 몸의 공성은 서로 별개라고 말할 수 없다는 점에서는 유사점이 없다.

『능가경楞伽經』에는 어떤 것에 독립된 실체가 없다는 공성을 일곱 가지로 기술하고 있다. 여기서는 두 가지 예를 살펴보자. 첫 번째는 '다른 것의 공성(他空)'을 말하는 방식이다. "사원에 승려가 없을 지도 모른다."라고 하자. 여기서 사원이 비어 있다(공성)는 것은 승려들의 존재를 부정하고 있는 것과는 별개이다.

반대로 "몸은 공성이다."라고 말할 때 우리는 몸의 본질적 존재 즉 독립된 실체를 부정하고 있는 것이다. 이런 공성의 방식을 본질적 존재의 공성이라 한다. 티베트 어로는 문자 그대로 자공自空이라 한다. 하지만 이 자공 또는 자성自性의 공성을 몸이라는 것이 없다는 의미로 이해하면 안 된다. 그렇게 되면 몸의 실체를 부정하는 것이 된다. 내가 여러 번 강조했듯이 공성의 가르침은 그런 뜻이 아니다. 몸은 몸이다. 몸에 있는 육체의 실체를 부정하는 것이 아니라 실체가 독립되고, 고유한 존재를 갖고 있다는 것을 부정하는 것이다. 따라서 몸이 몸이라는 사실은 몸이 공성이라는 사실과 전혀 모순되지 않는다.

이 점은 매우 중요하다. 때문에 반복해서 강조할 필요가 있다. 공성은 무존재를 의미하지 않는다. 공성은 고유한 실체의 공성을 의미하고, 필연적인 의존적 발생을 의미한다. 의존과 상호의존은 모든 사물의 본성이다. 사물과 사건은 원인과 조건이 만난 결과로만 생긴다. 공성은 인과 법칙을 가능하게 한다.

이 모든 것을 다음의 논리로 설명할 수 있다. 모든 사물은 의존적으로 발생한다. 모든 사물이 의존적으로 발생하기 때문에 우리는 원인과 결과를 관찰할 수 있다. 원인과 결과는 의존적으로 발생하는 세계에서만 가능하고, 의존적인 발생은 고유한 실체를 갖고 있지 않은 세계 즉 공한 세계에서만 가능하다. 그러므로 공성은 몸이다. 달리 말해서 몸은 공성에서 발생하고, 공성은 몸의 의존적 발생을 가능하게 하는 기반이라 할 수 있다. 따라서 몸의 영역은 공성의 발현이다.

지금 우리가 말하고 있는 공성은 고대 인도의 브라흐만

개념과 유사한 모종의 절대적 차원에서 실체가 아니다. 이 점을 명확히 하는 것이 중요하다. 브라흐만은 절대적인 실체이고, 환영 같은 다양한 세계가 만들어지는 근원이라고 상상했다. 공성은 우주의 중심에 놓여 있고, 다양한 현상이 발생하는 핵심적인 실체가 아니다. 공성은 각각의 사물과 사건에 대해서만 상상할 수 있다. 예를 들어 몸의 공성에 대해 말할 때 우리는 몸의 궁극적 실체 즉 몸이 고유한 실체, 독립된 실체를 갖고 있지 않다는 사실에 대해서 말하는 것이다. 그 공성은 그 육체의 궁극적인 본성이다. 공성은 특정한 현상의 특성으로서만 존재한다. 공성은 특정한 현상과 별개로 독립적으로 존재하지 않는다.

더욱이 공성은 개별적 현상, 개별적 사물과 사건에 관련된 궁극적인 실체로서만 이해할 수 있기 때문에 개별적 존재가 소멸할 때 그 존재의 공성도 소멸한다. 따라서 공성은 그 자체가 원인과 조건의 산물은 아니지만 공성을 확인할 근거가 더 이상 존재하지 않으면 그 사물의 공성도 소멸한다.[32]

"독립된 실체가 없는 것이 몸과 다르지 않고, 몸도 독립된 실체가 없는 것과 다르지 않다."라는 문장은 두 가지 진리(二諦)에 대한 부처님의 가르침을 이해할 필요가 있음을 의미한다. 첫 번째 진리는 일상의 관습적 진리(俗諦)이고 두 번째 진리는 사물의 궁극적 존재 방식을 분석했을 때 도달하는 궁극적 진리(眞諦)이다.

나가르주나는『중론』에서 이에 대해 다음과 같이 말한다.

부처님의 가르침은
세속의 관습적 진리와
궁극적 진리[33]에
기초하여 펼쳐졌다.

우리는 일상적인 마음과 감각 기관을 이용해서 관습적 진리 즉 온갖 다양성을 가진 상대적 세계를 지각한다. 그

32 금강승金剛乘에서는 공성에 대해 명상을 할 때 명상의 기반이 되는 본존(yidam)을 선택하는 것이 중요하다고 강조한다. 이 기반은 깨달음에 이를 때까지 일생 동안 지속되는 마음의 한 면이기 때문이다. 마음을 깨달을 수 있다는 사실은 공성을 명상의 초점으로 강조하는 주요한 이유 가운데 하나이다. 공성이 명상의 주된 초점이 되는 것은 마하무드라 수행이나 족첸 수행에서도 마찬가지다.

33 나가르주나『중론中論』24:8. 이 게송의 다른 번역본은 Frederik J. Streng『Emptiness: A study in Religious Meaning』(Nashville: Abingdon Press, 1967) p.213을 보라.

러나 궁극적 진리 즉 사물과 사건의 진정한 본성을 지각할 수 있는 것은 철저한 분석을 통해서만 가능하다. 궁극적 진리를 지각하는 것은 현상의 궁극적 존재 방식(眞如)을 지각하는 것이다. 이것이 실체의 본성에 관한 궁극적 진리이다. 인도의 많은 철학 학파—불자와 비불자—들은 실체의 본성을 두 가지 진리 관점에서 이해했다. 더 세심하게 이해하면 두 가지 진리를 별개의 독립된 실체로서가 아니라 하나인 실체의 두 가지 측면으로 인식하게 된다. 이 차이를 명확하게 이해하는 것이 핵심이다.

### 여러 학파의 해석

닝마파 학자인 주미팜의 해석을 전승하는 경우, 『심경』에서 공성을 네 가지 측면에서 이해하는 이 구절을 다음과 같이 해석한다. 이 해석에 따르면 "몸은 독립된 실체가 없다."라는 첫 번째 문장은 현상 세계의 공성을 설명함으로써 극단적인 실존적 절대주의 즉 모든 현상이 절대적 실체를 갖고 있다는 잘못된 믿음을 반박한다. "독립된 실체가 없는 것이 육체이다."라는 두 번째 문장은 의존적으로 발생하는 공성을 설명함으로써 아무것도 존재하지 않는다고 믿는 극단적 허무주의를 반박한다. "독립된 실체가 없는 것이 몸과 다르지 않다."라는  세 번째 문장은 현상과 공성의 일치 또는 공성과 의존적 발생(緣起)의 일치를 설명하면서 허무주의와 실존적 절대주의의 양 극단을 동시에 반박한다. "몸도 독립된 실체가 없는 것과 다르지 않다."라는 네 번째 문장은 현상과 공성이 공존할 수 없는 것이 아니라 완전히 일치한 상태로 머무는 것을 의미한다. 따라서 이 네 가지 측면은 복잡한 개념 설명을 완전히 초월한 것으로 이해해야 한다.

티베트 불교 한 학파인 사카파의 전통인 람데(수행과 결과)에서도 유사하게 공성을 이해하는 네 가지 방법을 설명한다. i) 현상은 공성으로서 확립된다. ii) 공성은 의존적 발생으로서 확인된다. iii) 공성과 현상은 단일체로서 확인된다. iv) 이 단일체는 모든 언어 표현이나 개념 사고를 초월한 것으로서 확인된다.

일반적으로 공성은 고유한 실체가 있다고 오해하는 현상에 대한 해결책이라 한다. 그러나 이 네 가지 방법을 깊이 이해하면 공성의 진리를 이용해서 허무주의의 견해를 반박할 수 있고, 현상 세계에 대한 긍정을 이용해서 절대주의를 불식할 수 있다. 허무주의와 절대주의라는 두 극단을 초월하는 방법은 귀류 논증 중관학파의 독특한 특징이다.

공성을 이해하는 이 네 가지 방식을 설명한 다음, 몸의 공성을 이해할 때와 마찬가지로 나머지의 구성 요소—감정·지각·의지·인식—에 대해서도 이런 방법을 적용해서 공성을 이해하라고 『심경』에서는 제안하고 있다. 모든 구성된 현상은 몸과 마음을 구성하는 다섯 가지 요소인 오온의 범주 안에 포함된다.

마찬가지로 감각·지각·의지·인식에도
모두 독립된 실체가 없다.

이 구절을 이해하는 한 가지 방법은 공성을 직접적으로 깨달은 견도 단계에 있는 명상가의 관점에서 보는 것이다. 그런 사람이라면 모든 사물과 사건이 독립된 실체를 전혀 갖고 있지 않다는 것을 직접 지각한다. 공성만을 직접 지각한다. 그런 상태에서는 다양한 현상을 경험하지 않는다. 거기에는 육체도 없고, 감정도 없고, 감각도 없고, 지각도 없고, 의지도 없고, 인식도 없고, 그 무엇도 없다.

예를 들어 몸의 본질적인 존재 즉 고유한 실체를 부정하는 과정을 통해서만 공성을 직접 통찰할 수 있기 때문에 이 상태에서는 공성만 있다. 몸은 관습적인 실체 즉 상대적인 현상이고, 상대적인 현상은 관습적인 지각을 통해서만 알 수 있다. 하지만 몸에 독립적인 실체가 없다는 몸의 공성은 그 몸의 궁극적 진리 또는 궁극적 실체이다. 그리고 그 궁극적 실체는 궁극적 분석을 통해서만 알 수 있으며 궁극적 실체의 본성을 깨닫는 마음을 통해서만 알 수 있다. 그 마음은 공성을 직접적으로 지각하지만 그 외에는 아무것도 지각하지 않는다. 따라서 그런 관점 속에는 더 이상 주관과 객관이 없다.

궁극적 분석의 최종 결과로, 부정하는 과정 끝에서 몸이 존재하는 것으로 밝혀진다면 몸은 그 자체의 궁극적 본성이라고 할 수 있다. 하지만 사실은 그렇지 않다. 몸의 궁극적 본성은 공성이며, 몸은 관습적인 실체이며, 그것을 기반으로 공성이 성립된다. 그러므로 이 구절—마찬가지로 감각· 지각· 의지· 인식에도 모두 독립된 실체가 없다.—을 해석하는 한 가지 방법은 공성을 직접 깨달은 명상가의 관점에서 보는 것이다.

## 공성의 여덟 가지 측면

그 다음 본문에서는 심오함의 여덟 가지 측면을 설명한다.

그러므로 샤리푸트라여, 모든 현상에는 독립된 실체가 없으며 모든 현상을 규정하는 특징도 없다. 모든 현상은 생기지도 않으며 사라지지도 않는다. 모든 현상은 더럽지도 않으며 깨끗하지도 않다. 모든 현상에는 결함이 있지도 않으며 완전하지도 않다.

이 구절에서 "규정하는 특징들"은 무상과 공성 같은 현상의 보편적 특성들과 어떤 현상의 특정한 특징—특정한 사과의 특징 같은 것—을 둘 다 의미한다. 두 종류의 특징은 상대적 차원에서 존재한다. 그리고 실제로 우리는 모든 사물과 사건들을 특징으로 규정한다. 그러나 특징은 절대적인 의미에서 사물과 사건의 궁극적 본성으로 존재하는 것은 아니다.

그 다음 본문을 보면 모든 현상은 "생기지도 않으며 사라지지도 않는다."라고 한다. 사물과 사건은 생성되고 발생한다. 생성과 소멸은 모든 현상의 특징이지만 이 특징들이 사물들의 궁극적 본성으로서 존재하지는 않는다. 이 점을 이해하는 것이 중요하다. 다시 말해서 공성을 직접적으로 깨달은 사람 관점에서는 생성과 소멸이 존재하지 않는다. 궁극적인 의미에서 생성과 소멸은 사물이 본래 갖추고 있는 것이 아니다.

나가르주나는 『중론』 서두에 실린 귀경게에서 이 통찰을 되풀이해서 말한다.

끝도 없고 시작도 없고
사라지는 것도 없고 영원한 것도 없고
오는 것도 아니고 가는 것도 아니고
다른 것도 아니고 같은 것도 아닌
복잡한 개념들이 완전히 정지된
연기緣起를 가르친 분!
완전한 깨달음을 얻은 여러 부처 가운데
가장 뛰어난 설법자인 당신께
귀의합니다.[34]

여기서 나가르주나는 연기에 의해 생긴 사물에는 여덟

가지 특징이 없기에 고유한 실체, 독립된 실체가 없다고 가르친 부처님에게 경의를 표한다. 이 여덟 가지 특징은 관습적 차원에서는 사물과 사건의 특성으로서 존재한다. 즉 현상들은 관습적으로 소멸하고 관습적으로 발생한다. 그러나 궁극적 차원에서 보면 그런 특징들은 현상 속에 본래 갖추어져 있지 않다. 궁극적 차원에서는 이런 특징들이 없다. 즉 고유한 본성이 없고, 규정하는 특징이 없고, 시작도 없고 끝도 없고, 더러움도 없고 깨끗함도 없고, 감소도 없고 증가도 없다.

이 여덟 가지 특징은 세 범주로 분류할 수 있다. 이 세 범주는 공성을 다른 관점에서 살펴보게 한다. 이 세 가지 관점을 해탈로 가는 세 개의 문(三解脫門)이라고 부른다. 사물 자체라는 관점에서 공성을 살펴보면 모든 현상은 고유한 실체나 규정하는 특징이 없다는 것을 알게 된다. 이것을 아는 것이 첫 번째 해탈의 문인 공성空性의 문이다. 사물의 원인이라는 관점에서 공성을 살펴보면 사물은 생기지

34 나가르주나 『중론』 1:1-2.

않고, 사라지지도 않고, 더럽혀지지도 않고, 깨끗해지지도 않는다는 것을 알게 된다. 이것이 두 번째 해탈의 문인 무상無相의 문이다. 사물의 결과라는 관점에서 공성을 살펴보면 거기에는 부족함도 없고 완전함도 없다는 것을 알게 된다. 이것이 세 번째 해탈의 문인 무원無願의 문이다.

이 세 가지 문은 공성이라는 동일한 것을 이해하는 세 가지 방법이다. 공성을 깨닫는 지혜는 하나의 진실한 문이고, 우리가 무지와 무지를 일으키는 고통에서 완전히 벗어날 수 있는 유일한 방법이라고 경전들은 말한다

## 모든 현상의 공성

『심경』으로 돌아가 보자.

그러므로 샤리푸트라여, 독립된 실체가 없는 공성에는 몸도 없고, 감각도 없고, 지각도 없고, 의지도 없고, 인식도 없다. 눈도 없고, 귀도 없고, 코도 없고, 혀도 없고, 몸도 없고, 마음도 없다. 모습도 없고, 소리도 없고, 냄새도 없고, 맛도 없고, 감촉도 없고, 인식의 대상도 없다. 눈의 요소도 없고, 마음의 요소도 없으며 의식의 요소도 없다.

여기서 첫 번째 문장은 사람의 몸과 마음을 구성하는 다섯 가지 요소인 오온의 공성을 재확인하고 그 다음 문장은 이 공성을 주관의 여섯 가지 작용 기관(六根)—다섯 가지 감각 기관과 마음의 작용 기관—까지 확대한다. 그 다음 문장은 더 나아가 공성을 외부의 대상(六境)—모습·소리·냄새·맛·촉감·마음의 대상—까지 확대한다. 마지막 문장에서는 더 나아가 공성을 18계界[35]까지 확대하고 거기에는 "의식의 요소(제6 식)도 없다."라는 것으로 끝이 난다. 허공(우주)과 같은 비구성적 현상들을 포함해서 모든 사물과 사건이 이 범주에 포함된다. 따라서 모든 현상은 고유한 존재 즉 독립된 실체를 갖고 있지 않다. 그 다음 본문은 이렇게 이어진다.

무지도 없고, 무지가 사라지는 것도 없고, 등등, 늙고 죽는 것도 없고, 늙고 죽는 것이 사라지는 것도 없다.

이는 깨달음을 얻지 못한 중생들이 순차적으로 겪는 십이 연기를 간략하게 부정하는 것이다. 여기서 두 가지만 특

35 이 18계界의 자세한 목록과 설명은 H. H. the Dalai Lama『Opening the Eye of New Awareness』(Boston: Wisdom Publication,1999) pp.32-34를 보라.

별히 언급하고 있지만 "등등"에 함축된 것은 십이 연기 전체—무지(無明)·무지로 인한 의지 작용(行)·의식으로 인한 작용(識)·이름과 모습으로 인한 작용(名色)·감각 기관으로 인한 작용(六處)·접촉으로 인해 일어나는 마음 작용(觸)·느낌(受)·갈애(愛)·집착(取)·업력으로 만들어진 것(有)·출생(出生)·늙음과 죽음(老死)—를 부정하는 것이라고 해석해야 한다. 이렇게 십이 연기를 부정하는 것은 열반에 이르는 과정을 서술하는 것이다. 윤회에서 환생하는 과정과 윤회에서 해탈하는 과정은 둘 다 관습적 차원에서 존재하지 궁극적 차원에서는 존재하지 않는다. 따라서 여기서는 환생과 해탈을 부정한다. 본문은 이렇게 이어진다.

> 마찬가지로 고통도 없고, 고통의 원인도 없고, 고통의 소멸도 없고, 고통의 소멸에 이르는 길도 없다. 지혜도 없고, 지혜를 얻는 것도 없고, 지혜를 얻지 못한 것도 없다.

이 구절은 다시 공성을 철저히 깨달은 사람 관점에서 초전법륜—네 가지 고귀한 진리(四聖諦): 고통과 고통의 원인과 고통의 소멸, 고통을 소멸하기 위한 수행—을 부정하는 것으로 시작한다. 따라서 명상 수행을 부정한다. 그 다음은 주관적 경험의 공성을 확인하는 것으로 이 수행의 결과를 부정한다.—"지혜도 없고, 지혜를 얻는 것도 없다." 마지막으로 이 부정조차도 부정해서 "얻지 못한 것도 없다."라고 한다. 반야바라밀을 명확하게 통찰한 결과로 생긴 명료함 그 자체도 고유한 실체 즉 독립된 실체가 없다는 공성이다. 열반에 이르렀거나 부처님의 신통을 가진 사람의 마음이 지닌 모든 특성 역시 공한 것이며, 독립된 실체가 없는 것이라고 부정한다.

**열반**

본문은 다시 이렇게 이어진다.

> 그러므로 샤리푸트라여, 보살은 얻는 것이 없기에 이 반야바라밀에 의지하며 반야바라밀 안에 머문다. 보살은 마음에 숨기는 것이 없기에 두려움이 없고, 그릇됨에서 완전히 벗어 났기에 최종 열반에 도달할 것이다.

『심경』에서는 모든 번뇌가 완전히 사라진 상태의 궁극

적 본성을 열반이라고 한다는 것을 알 수 있다. 앞서 본 것처럼 마음이 본래 깨끗하기 때문에 다시 말해 마음이 불성을 갖고 있기 때문에 마음의 명료함을 가리는 번뇌를 없애는 것만으로도 깨달음이 드러난다. 따라서 마음의 공성을 열반의 근거, 마음 본래의 청정한 열반(自性淸淨涅槃)이라고 한다. 번뇌를 없애기 위해 마음을 정화하는 수행을 하면서 시간이 경과하면 모든 장애들이 완전히 없어진다. 이 청정한 마음의 공성이 진정한 열반 또는 해탈이다. 따라서 마음에 번뇌가 없는 상태, 완벽하게 청정한 상태에서 마음의 궁극적인 본성을 실현해야만 해탈—진정한 열반—에 이를 수 있다.

나가르주나가 『중론』에서 설명한 것처럼 공성은 마음의 번뇌를 없애는 수단인 동시에 번뇌를 없앤 다음에 도달하는 결과이기도 하다. 나가르주나는 이와 같이 말한다.

> 업과 번뇌가 사라지면 사람은 자유로워진다.
> 업·번뇌·개념적 사고는 모두
> 복잡한 생각에서 생기며
> 복잡한 생각은 공성을 통해 제거할 수 있다.[36]

깨달음으로 이끄는 수행의 모든 측면—수행을 통해서 깨달음을 얻는 개인의 선천적 능력·수행·깨달음으로 이끄는 수행의 결과—은 독립된 실체를 갖고 있지 않기 때문에 모두 본래 열반을 지니고 있다. 이 본래 열반에 대한 통찰을 향상시키면 사물과 사건을 잘못 이해한 결과로 생긴 고통 즉 근본적 무지의 결과로 생긴 고통을 없애고, 물리칠 수 있다. 뿐만 아니라 아집에 매달리는 무지와 과거의 무지를 저지른 행동의 흔적(習氣)까지 없앨 수 있다. 따라서 현재의 무지와 과거에 남긴 무지의 흔적과 미래에 무지로 인해 야기할 잠재 성향까지 완전히 없앨 수 있다. 모든 무지에서 벗어나면 저절로 두려움에서 벗어나고 그 어디에도 머물지 않는 부처의 최종 무주처열반(無住處涅槃)에 이른다고 경전에 쓰여 있다.

삼세에 머무는 모든 부처도 이 심오한 반야바라밀에 의지

36 나가르주나 『중론』 18:5. 다른 번역본은 Frederik J. Streng 『Emptiness: A study in Religious Meaning』 (Nashville: Abingdon Press, 1967) p.204를 보라.

해서 최고의 완전한 깨달음에 이르렀다.

"삼세三世에 머무는 모든 부처"라는 구절에서 부처는 성불하기 직전, 최고의 정신적 단계에 이른 보살들을 의미한다. 이 단계를 부처의 경지라고 한다. 이 단계에 이른 보살은 마음을 한곳에 집중하는 상태인 금강삼매金剛三昧에 머문다. 이를 통해 깨달음을 얻은 부처님의 속성과 유사한 속성을 가질 것이다. 삼매 상태에 머물고 있기에 보살은 반야바라밀에 의지하며 부처님의 완전한 깨달음을 얻을 것이다.

**반야바라밀 진언**

여기까지는 『심경』에서 평범한 자질을 지닌 수행자를 위해 공성을 설명한 것이라 말할 수 있다. 지금부터는 최상의 자질을 지닌 수행자들을 위해 진언의 형태로 공성을 간결하게 설명한다.

그러므로 완벽한 반야바라밀 진언—위대한 지혜의 진언, 최상의 진언, 비할 데 없는 진언, 모든 고통을 사라지게 하는 진언—은 조금도 거짓이 없기에 진실하다는 것을 알아야 한다.

여기서는 반야바라밀 자체를 "진언眞言(만트라)"라고 말한다. 진언의 어원적 의미는 '마음을 보호하는 것'이다. 따라서 반야바라밀을 얻으면 잘못된 믿음, 잘못된 믿음으로 인해 생기는 번뇌, 번뇌로 인해 생기는 고통으로부터 마음을 철저하게 보호할 수 있다.

반야바라밀을 "위대한 지혜의 진언"이라 부른다. 반야바라밀의 의미를 제대로 이해하면 탐욕·미움·어리석음의 세 가지 독(三毒)을 없애기 때문이다. 윤회에서 벗어나고, 개인의 열반이라는 고립된 평화로부터 벗어나는 데 반야바라밀보다 더 훌륭한 방법은 없기 때문에 반야바라밀을 "최상의 진언"이라고 부른다. 부처님의 깨달은 상태는 비할 데가 없다. 우리가 이 진언을 깊게 깨달으면 부처님의 깨달음과 동등한 상태에 이를 수 있기에 반야바라밀을 "비할 데 없는" 진언이라고 부른다. 마지막으로 반야바라밀은 이미 드러난 고통들을 가라앉히고, 미래에 고통을 가져올 잠재적인 요인도 모두 없애기 때문에 반야바라밀을 "모든 고통을 사라지게 하는 진언"이라고 한다.

반야바라밀은 궁극적 진리이기에 "진실하다."라는 문장이 이어서 나온다. 관습적 진리의 영역에서는 현상과 실체 사이에 차이가 있지만 궁극적 진리의 영역에서는 그런 차이가 없다. 따라서 이 진언에 나타난 명백한 궁극적 진리는 '거짓이 아니다.'이다. 거짓이 아니라는 것은 우리가 반야바라밀 진언을 실현하면 고통과 고통의 원인에서 완전히 벗어날 수 있음을 시사한다. 이 관점에서도 반야바라밀이 진리라고 말할 수 있다.

반야바라밀 진언을 선언한다.
타댜타 가테 가테 파라가테 파라상가테 보디 스바하.
샤리푸트라여, 위대한 존재인 보살들은 이와 같이 반야바라밀을 수행해야 한다.

산스크리트 어 타댜타는 '그것은 이와 같다.'는 뜻이며, 뒤에 따라오는 말을 이끈다. 가테 가테는 '가라, 가라'는 뜻이고, 파라가테는 '저 너머로 가라.'는 뜻이고, 파라상가테는 '완전히 저 너머로 가라.'는 뜻이다. 보디 스바하는 '깨달음의 바탕에 뿌리를 내려라.'는 뜻으로 해석할 수 있다. 따라서 이 전체 진언은 '가라, 가라, 저 너머로 가라, 완전히 저 너머로 가라, 깨달음의 바탕에 뿌리를 내려라.'로 해석할 수 있다. 이 진언을 비유적으로 해석해서 '다른 언덕(彼岸)으로 가라.'로 이해할 수 있다. 즉 태초부터 깨닫지 못한 중생에게 집이 되어온 윤회의 이쪽 언덕(此岸)을 버리고 최종 열반과 완전한 해탈의 언덕으로 가라는 뜻으로 해석할 수 있다.

### 『심경』에 숨어 있는 의미

반야바라밀 진언은 『심경』의 숨은 뜻을 담고 있다. 부처님의 경지에 이르기 위한 수행의 다섯 단계(五道)와 공성을 이해하는 것이 어떻게 연관되어 있는지를 밝히고 있다.

이 진언에서 첫 번째 가테는 선근과 공덕을 쌓는 단계(資糧道)의 수행을 하라고 권하는 것이다. 두 번째 가테는 공성을 깊이 지각할 준비를 하는 단계(加行道)의 수행을 하라는 권고로 해석할 수 있다. 파라가테는 공성을 개념의 매개 없이 직접 이해하는 단계(見道)의 수행을 의미한다. 이 단계의 수행자는 아리야(성자)가 된 것이다. 파라상가테는 끊임없는 수행을 통해 수행자가 공성에 지극히 익숙해진 명상의 단계(修道)를 의미한다. 명상은 티베트 어로는 곰gom인데 곰의 의미는 '습관'이다. 이 진언의 마지막 부분인 보디스바하는 깨달음의 바탕에 단단히 뿌리를 내리라는 권고이다. 즉 최종의 열반에 들어가라는 권고이다.

부처의 경지에 이르기 위한 수행의 다섯 단계(五道)—깨달음을 향해 나아갈 수 있도록 공덕을 쌓는 단계(資糧道)·두 종류의 무아를 볼 준비를 하는 단계(加行道), 무아의 실체를 직접 보는 단계(見道), 명상의 단계(修道), 더 이상 배울 것이 없는 단계(無學道)—를 『심경』의 본론 여러 부분과 연결시킬 수 있다. 『심경』 첫 부분에서 '공성'을 네 단계—"몸은 독립된 실체가 없고, 독립된 실체가 없는 것이 몸이다. 독립된 실체가 없는 것이 몸과 다르지 않으며 몸도 독립된 실체가 없는 것과 다르지 않다."—로 설명하고 있다. 이 가운데 처음 두 단계—쌓는 단계와 준비하는 단계—에서 공성을 수행하는 방법을 설명한다. 현상의 여덟 가지 공성—"모든 현상에는 독립된 실체가 없으며 모든 현상을 규정하는 특징도 없다."—은 실체를 직접 보는 단계에서 공성을 통찰하는 방식을 설명한다. "무지도 없고, 무지가 사라지는 것도 없다."라는 구절은 명상의 단계에서 공성을 수행하는 방법을 설명한다. 그 다음 부분인 "그러므로 샤리푸트라여, 보살은 얻은 것이 없기에 이 반야바라밀에 의지하며 반야바라밀 안에 머문다."라는 구절은 최종 단계인 금강 삼매 상태에서 보살이 공성을 수행하는 것을 설명한다.

수행에 있어 다음 단계로 나아가는 것은 수행자가 삼매 상태에 있을 때이다. 수행의 처음 단계 즉 수행자가 공덕을 쌓는 단계인 자량도에서는 공성과 현상의 본성을 지성적으로 이해할 때 공성에 대한 이해가 한 단계 나아갈 수 있다. 예리한 지성을 가진 보살 수행자는 보리심이라는 이타적 마음가짐을 일으키기 전에 공성을 깊이 이해할지도 모른다. 반면에 지성적으로 그다지 예리하지 않은 수행자는 모든 중생을 해탈시키고 싶어 하는 열망을 먼저 계발할 수도 있다. 어느 경우든지 공성을 깊이 이해하는 것은 보리심 수행을 강화하고 보완하는 데 강하게 영향을 미칠 것이다. 공성을 깊이 이해하는 것은 윤회의 고통에서 벗어나겠다는 열망(出離心)으로 이어질 수 있다. 이 열망은 모든 중생에 대한 강한 자비심을 키우는 기반이 될 수 있다.

공덕을 쌓는 단계에서는 주로 배우고, 깊이 생각하고, 지성적으로 이해하는 것을 통해 공성을 이해한다. 그 다음에는 배운 것을 명상하면서 공성에 대해 점점 더 깊이 이해한다. 그 결과로 완전하게 명확한 통찰을 얻는다. 이 시점에서 수행자는 공성을 깊이 지각하기 위해 준비하는 단계에 들어간다. 이 단계는 아직 공성을 직접적으로 통찰하지는 못하지만 더 이상 지성적 이해나 개념적 이해에만 머물지 않고 경험으로 공성을 이해한다.

공성을 깊이 지각하기 위해 준비하는 단계인 가행도에서는 공성에 대한 이해가 점진적으로 더 깊어지고, 더 세밀해지고, 더 명확해진다. 명상할 때 공성을 이해하기 위해 개념을 매개체로 사용하는 것이 서서히 줄어든다. 주관과 객관, 관습적인 존재와 본질적인 존재라는 이원적 지각이 모두 없어질 때 수행자는 공성을 직접 보는 단계인 견도에 들어간다. 이 시점에서는 주관과 객관에 대한 구분이 없고, 주관적 경험과 대상이 융합해 마치 물에 물을 부은 것처럼 되고, 개념의 매개 없이 직접적으로 공성에 대해 명상을 하게 된다.

명상을 수행하는 단계인 수도에서 수행자는 공성을 더 깊이 경험하면서 다양한 번뇌들을 체계적으로 없애게 된다. 이 단계에서 수행자는 아직 번뇌가 남아 있는 보살의 일곱 단계(七不淨地)라고 하는 1단계(初地)부터 7단계(七地)까지 발전한다. 이 단계에서 보살은 아직 번뇌가 완전히 없어지지 않았기 때문에 번뇌가 남아 있지만 8단계(八地), 9단계(九地), 10단계(十地)에서는 번뇌가 남긴 잠재적인 성향과 흔적(習氣)까지 없앤다. 마지막으로 궁극적 진리(眞諦)와 관습적 진리(俗諦)를 한순간에 동시에 지각하는 것을 방해하는 장애를 없앨 때 모든 것을 아는 부처의 마음이 생기기 시작한다.

**모두 함께 기뻐하다**

『심경』도입부에 있는 샤리푸트라의 질문에 대한 관자재의 대답은 반야바라밀 진언을 암송하는 것으로 마무리가 된다. 지금까지 부처님의 불가사한 힘으로 써 내려간 경전을 살펴보았다. 지금부터는 함께 기뻐하는 모습을 표현한 것에 대해 살펴볼 것이다. 청중이 함께 기뻐하는 모습을 표현하는 것은 부처님의 가르침을 담은 경전에서 나타나는 특징이다.

그러자 세상에서 가장 존귀한 분께서 삼매에서 깨어나 고귀한 관자재보살의 대답이 훌륭하다며 칭찬하셨다. "훌륭하다! 훌륭하다! 고귀한 불자여, 정말 그러하다. 정말 그러해야 한다. 수행자는 지금 들었던 것과 같이 심오한 반야바라밀을 수행해야 한다. 그리하면 여래들도 함께 기뻐할 것이다."

이때까지 부처님은 심오한 깨달음이라는 삼매에 머물러 있었다. 부처님은 관자재보살과 샤리푸트라에게 어떤 의사도 비치지 않았지만 그들은 부처님에게 영감을 받아 질문을 하고 대답을 했다. 이 문답이 끝났을 때 부처님은 관자재보살에게 칭찬을 하고 확언을 했다. 이 확언이 의미하는 것은 부처님의 삼매는 공성—궁극적 진리—에 대해 깊이 집중하고 있는 상태이고 동시에 끊임없이 펼쳐지는 현상의 세계—관습적 진리—를 모두 충분히 인식하는 상태라는 점이다. 궁극적인 진리와 관습적인 진리를 동시에 자각하는 것은 부처의 마음만이 지닌 고유한 특성이다.

『심경』은 다음과 같이 끝난다.

세상에서 가장 존귀한 분께서 이와 같이 말씀하시자 덕망 있는 장로 샤리푸트라·고귀한 성자 관자재보살·천인·인간·아수라·건달바를 포함한 모든 청중이 함께 기뻐하고 환호했다.

이런 경전을 읽고 그 속에 담긴 깊은 의미를 철저하게 이해하려고 노력할 때 우리는 부처님을 향해 진심어린 경의를 표하게 된다. 14세기 티베트의 위대한 수행자이자 학자였던 총카파 스님은 다음과 같은 게송으로 심오한 공성의 가르침을 베푼 부처님을 진심으로 찬탄하고 부처님께 무한한 감사를 표했다.

당신의 말씀을 깊이 새길 때
늘 이와 같은 생각이 듭니다.
'아! 후광에 둘러싸여 거룩한 32상 80종호에 빛나는
스승은 완벽하고 청정한 목소리로 가르치시었다.'
오! 부처님, 당신을 떠올릴 때면

마치 시원한 달빛이 더위에 지친 사람을 위로하듯이

지친 제 마음을 위로합니다.[37]

37 총카파 『In Praise of Dependent Origination』 vv. 45-46. 다른 번역은 Gavin Kilty 『Splendor of an Autumn Moon』 (Boston: Wisdom Publications, 2001) p.239를 보라.

# 제 3 부
# 보살이 되는 법

# 제12 장 보리심 일으키기

## 점진적인 접근

우리가 마음을 잘 길들이고 깊은 깨달음을 얻기 위해 정신과 마음을 계발하려면 점진적인 수행이 필요하다. 물리적 세계와 정신적 세계에서는 점진적 발전 과정을 어디서나 볼 수 있다. 사실 점진적 발전은 자연의 법칙이다. 점진적 발전은 필연적인 인과 법칙이다. 이렇게 점진적으로 마음을 변화시키고, 정신적으로 발전하는 것은 불자들이 말하는 지혜와 방편(방법)의 결합이 바탕이 되어야 한다. 『심경』은 지혜에 대해 탁월하게 설명하고 있다. 우리는 그것에 대해 깊이 있게 살펴봤다. 이제는 방편에 대해 말하겠다. 특히 자비심을 기르는 것에 대해서 주의를 기울여 보자.

독립된 실체가 없다는 공성에 대한 지혜로 마음의 번뇌(煩惱障)와 소지장[38]을 완전히 없애려면 수행자는 보리심이라는 상호 보완적인 요소를 지녀야 한다. 보리심은 모든 중생을 돕기 위해서 부처의 경지에 이르겠다는 이타적인 결심이다. 수행의 방편적 측면인 보리심은 완전한 깨달음을 얻은 전지全知한 마음—완전히 깨달은 부처의 마음—을 얻기 위해 필수적이고도 중요한 요소이다. 더욱이 보리심은 보살이나 『심경』에서 말하는 "고귀한 아들딸"을 규정하는 특징이라 할 수 있다.

누군가는 공성을 깊이 있고 올바르게 이해하고 있을 수도 있고 누군가는 윤회에서 벗어날 수도 있다. 하지만 보리심이 없다면 그는 보살이 아니다. 보리심을 일으키려면 다른 중생들이 행복하고 고통에서 벗어나기를 자비롭게 소망하는 것만으로는 충분하지 않다. 다른 중생이 모두 고통에서 벗어나게 하겠다는 책임을 내가 떠맡겠다는 깊은 책임감을 가져야 한다. 그런 강한 자비심을 일으키려면 우선 다른 중생을 친밀하게 느끼고 공감을 잘 해야 한다. 진실한 친밀

38• 所知障은 글자 그대로 알아야 할 바(所知) 즉 인식 대상의 참다운 모습을 있는 그대로 알지 못하게 하는 것이다. 완전한 깨달음, 참다운 지혜를 드러나는 데에 장애가 된다는 의미에서 지장智障 · 지애智礙 · 보리장菩提障이라고도 한다.

감이 없으면 진정한 보리심이 생길 수 없다. 그런 친밀감을 지니기 위해 무엇이 필요한지 지금부터 살펴볼 것이다.

인도 날란다 불교 대학의 탁월한 학자들은 보리심을 일으키는 데 필요한 두 가지 중요한 방법을 제시했다. 하나는 일곱 단계의 인과 수행법(七因果口訣)이고 다른 하나는 자신과 타인을 동등하게 생각하고 교환하는 방법이다.

**일곱 단계의 인과 수행법**

일곱 단계의 인과 수행법에서 수행자는 모든 중생을 자신이 사랑하는 어머니나 무한한 애정을 느끼는 사람—당신을 위해 큰 은혜를 베푼 사람—이라고 상상한다. 이 방법을 수행하기 위해서는 어머니나 어머니처럼 나에게 친절을 베풀고 다정하게 대하는 사람에게 느끼는 사랑을 마음에서 불러일으킨 다음, 그 느낌을 모든 중생에게 확대시켜야 한다. 중생 한 사람 한 사람이 우리에게 똑같이 친절하고 다정했다는 사실을 지각해야 한다. 시작도 알 수 없는 수많은 생애 동안 우리가 서로 연결되어 있다는 사실을 진심으로 깨달을 때 다른 중생이 언젠가는 내 부모였으며 부모의 사랑과 은혜로 나를 보살폈다는 것을 느끼게 된다.

동물의 세계를 보면 부모의 사랑이 어떤 것인지 관찰할 수 있다. 예를 들어 어미 새는 새끼들이 제 몸을 돌볼 수 있을 때까지 날개 밑에 새끼를 품고 보살핀다. 인간이 말하는 자비심을 어미 새가 실제로 갖고 있는지는 모르겠지만 새끼를 품는 행동 하나만 보자면 그것은 의심할 여지없이 어머니의 위대한 사랑이다. 새끼들은 전적으로 어미 새에게 의존하고 있다. 어미 새는 새끼들에게 유일한 보호자이자 유일한 안식처이며 유일한 부양자처럼 행동한다. 더욱이 어미 새는 새끼를 매우 헌신적으로 보살핀다. 새끼를 보호하기 위해 자신의 생명까지 기꺼이 희생할 것이다. 우리가 모든 중생에게 품어야 할 마음가짐이다.

시작도 알 수 없는 수많은 생애를 깊이 생각해 보면 모든 중생이 언제가 한 번쯤은 내 부모가 되어 온 힘을 다해, 최선을 다해 보살폈을 것이다. 이를 감사하게 여긴다면 다른 중생들에 대해 강한 공감과 고마운 마음을 키우게 되고, 그 결과 우리는 중생들에게 진정한 친밀감을 더 강하게 느끼게 된다. 이런 진정한 친밀감을 느끼면 지금 그들이 우리에게 어떤 행동을 하는지와 상관없이 그들이 전생에 베풀었던 은혜를 지각할 수 있다. 모든 중생에게 진정한 친밀감을 느낀다는 의미가 바로 이런 것이다.

그러나 다른 모든 것이 그렇듯이 친밀감도 서서히 생긴다. 첫 단계는 모든 중생이 나와 동등하다는 마음을 기른다. 일상적인 평범한 마음 상태에서는 다른 중생을 대하는 우리 감정과 마음가짐은 심하게 요동친다. 어떤 사람한테는 친밀감을 느끼지만 어떤 사람한테는 거리감을 느낀다. 한 사람에게 느끼는 감정조차 상황에 따라서 극에서 극으로 변하기도 한다. 우리 마음에서 번뇌를 제거하지 못했다면 일상에서 느끼는 친밀감은 반드시 미혹과 집착에 근거를 둔 것이다. 집착에 근거를 둔 친밀감은 진정한 자비심이 일어나는 것을 방해할 수 있다. 따라서 우리는 동등하다는 생각을 기르는 것부터 시작해야 한다. 나와 남이 동등하다는 생각을 기른 다음에 집착이 아니라 타당한 이성에 근거해 남들에 대한 친밀감을 길러야 한다.

우리가 친밀감을 계속 일으키다 보면 시간이 지나면서 다른 중생들이 고통 받는 것이 견딜 수 없는 단계에 이른다. 다른 중생이 고통에서 벗어나기를 바라는 위대한 자비심이 강해지면서 마침내는 그들을 고통에서 벗어나도록 하겠다는 책임을 떠맡게 된다. 마찬가지로 자애—타인들이 행복을 누리길 바라는 소망—하는 마음을 일으키고, 행복을 선사할 것이라는 약속을 거듭한다. 궁극적으로 중생에 대한 책임감으로 강한 자비와 자애를 기르면 모든 중생을 고통에서 벗어나게 하겠다는 '비범한 이타적 마음가짐'을 혼자서 일으킬 수 있다. 이 비범한 마음가짐을 기르고 나면 다른 존재를 궁극적으로 행복하게 할 능력을 우리가 실제로 갖고 있는지를 분석할 수 있다. 인도의 위대한 논리학자인 다르마키르티(法稱)는 『올바른 인식에 대한 주석서』에서 이렇게 말한다.

> 방편에 속하는 요소들이 여전히 모호하면
> 다른 사람들에게 설명하기가 어렵다.[39]

불교의 관점에서 보면 모든 중생에게 궁극적인 행복을 보장하는 가장 효과적인 방법은 그들을 부처의 경지로 이끄는 것이다. 중생들을 부처의 경지로 이끌려면 우리 자

39 제2 장 파라마나시디(Pramāṇasiddhi) 게송 130b.

신이 부처의 지혜와 부처의 깨달음을 실제로 얻어야 한다. 깊이 생각해 보면 모든 중생의 궁극적인 행복을 보장하기 위해서는 자신이 먼저 깨달음을 얻어야만 한다. 이것이 바로 일곱 단계 수행(七因果口訣)의 정점인 보리심이다. 보리심은 다른 중생을 행복하게 만들고 싶다는 열망과 그 열망을 실현하기 위해 부처의 경지에 오르겠다는 열망을 갖는 것이다.

**자신과 타인을 동등하게 여기고 교환하는 명상**

또 다른 방법은 자신과 타인을 동등하게 여기고 교환하는 것이다. 자신과 타인이 근본적으로 같다는 인식을 깊이 하고 그 인식을 배양하는 것이다. 사실상 행복을 바라고 고통을 피하고 싶어 하는 마음은 누구나 똑같다. '내가 행복을 바라고 고통을 피하고 싶어 하듯이 남들도 행복을 바라고 고통을 피하고 싶어 한다. 내가 이 간절한 열망을 충족시키기 위해 노력하듯이 남들도 나와 같다.'는 생각을 길러야 한다. 나와 남 사이에 차이가 있다면 그건 오직 숫자일 뿐이다. 나는 하나이지만 남은 무수히 많다. 그렇다면 어느 쪽의 요구가 더 큰가를 우리는 물어야 한다.

종종 우리는 자신의 이익관계와 타인의 이해관계가 무관하다고 생각한다. 사실은 그렇지 않다. 모든 사람은 사회적으로 복잡하게 구성된 공동체의 일부이기 때문에 개인의 삶에서 일어나는 작은 사건도 공동체 전체에 영향을 미친다. 마찬가지로 공동체에 영향을 미치는 일은 구성원 개개인에게 영향을 미친다.

더 나아가 다음과 같은 논리에 대해 생각해 보자. 만약 우리가 내면에서 끊임없이 일어나는 이기적인 생각만으로 행복해질 수 있다면 지금쯤 우리 모두는 완벽하게 행복해야 한다. 시작도 알 수 없는 먼 옛날부터 자신의 행복을 위해 끊임없이 이기적으로 살아왔기 때문이다. 그러나 우리는 성공하지 못했다. 우리에게 익숙한 이기적인 방법으로 마음을 사용하면 궁극적으로 행복할 수가 없다. 소중히 여기는 자신을 고통에서 벗어날 수 없게 한다는 결론을 내려야 한다.

반대로 샨티데바는 『입보리행론』에서 "만일 우리가 과거의 어느 시점에서 이기심을 버리고 남들의 행복을 소중히 여기는 생각을 품는 변화된 관점으로 수행을 하면서 생활 방식을 바꾸었다면 지금쯤 우리는 완전한 깨달음을 얻었을 것이다."라고 말한다.

만일 그대가 먼 과거 언젠가부터
이와 같이 했더라면
더없이 완벽한 부처님의 행복을 누리고 있을 터이며
지금과 같은 처지가 되지는 않았을 것이다.[40]

## 이기심과 이타심

나가르주나는 『보행왕정론寶行王正論』에서 모든 것을 다 아는 부처님의 상태에 이르고 싶은 사람은 기본적인 세 가지 요소를 지니는 것이 중요하다고 했다. 세 가지 요소는 위대한 자비심, 위대한 자비심에서 생기는 보리심, 자비심과 보리심을 보완하는 핵심 요소인 공성을 깨닫는 지혜이다.

부처님과 같은 모든 위인들은 이기심의 단점을 알고, 타인의 행복을 소중히 여기는 생각을 기르는 것에서 오는 이익을 알았다. 반대로 우리는 바다의 파도처럼—한 파도가 멈추기도 전에 다른 파도가 일어나는—끊임없이 출렁이

40 샨티데바 『입보리행론』 8:157. 다른 번역본은 Santideva 『The Bodhicaryāvatāra』 (New York : Oxford University Press, 1996) p.102를 보라.

며 고통스러운 윤회 속에서 살아가고 있다. 고통스럽다고 불평을 하면서도 우리가 윤회에서 벗어나지 못하는 것은 극단적인 이기심으로 행복을 구하기 때문이며 독립된 존재로서 자아가 있다고 고집하는 잘못된 생각에 사로잡혀 있기 때문이다.

모든 고통의 근원에는 강력한 두 가지 힘이 있다. 아집—본질적으로 실재하는 자아가 있다고 착각하는 고집—과 자신의 행복만을 소중히 여기는 이기적인 생각이다. 이 두 가지 마음가짐은 우리 마음 깊은 곳에 웅크리고 있다가 순간순간 힘을 발휘하며 우리 삶을 끊임없이 지배한다. 공성을 완전히 이해하고 타인에 대한 자비심을 기르기 위해 적극적으로 노력하지 않는다면 아집과 이기적인 마음은 다이아몬드처럼 강한 힘으로, 한결 같은 힘으로 우리를 지배할 것이다.

우리가 다른 중생들을 소중히 여기는 이타심에 대해 오해하지 않는 것이 대단히 중요하다. 이타심을 자신의 이익을 완전히 희생하거나 포기해야 하는 것으로 이해하면 안 된다. 사실 보리심 수행을 살펴보면 이런 이타적인 열망을 일으키기 위해서는 완전한 깨달음을 얻고자 하는 열망이 수반되어야 한다. 그것은 궁극적으로 우리 자신의 이익을 최상으로 실현하는 것을 의미한다. 완전한 깨달음은 색신色身과 법신法身의 결합에 의해 구현되는 두 가지 측면이 있다. 법신은 자신의 이익을 실현하는 것을 의미하는 반면에 색신은 다른 중생의 행복을 실현하는 것을 의미한다. 마찬가지로 티베트의 위대한 불교학자인 총카파는 누군가 다른 중생들을 도울 때 자신의 소망은 부산물처럼 실현된다고 말한다. 사실은 타인에게 큰 이익이 되는 일을 추구하는 것이야말로 가장 현명하게 자신의 이익을 추구하는 방법이다.

**주고 떠맡는 수행하기—통렌**

다른 사람들에게 깊이 공감을 하는 마음을 계발하고, 계발된 공감을 기반으로 해서 우리는 남에게 행복을 주고 내가 고통을 떠맡는 수행을 할 수 있다. 그 수행을 티베트어로는 통렌tong len이라고 한다. 통렌 수행을 할 때는 다른 사람이 지금 겪고 있는 고통과 앞으로 겪게 될 고통을 모두 내가 떠맡는다고 상상하고, 내가 지금 누리는 행복과 앞으로 누릴 행복을 모두 다른 사람에게 준다고 상상한다. 남의 고통을 떠맡는다고 상상하는 수행은 주로 자비심을 증진시키는 반면 나의 행복을 준다고 상상하는 수행은 주로 자애심을 증진시킨다. 명상을 하는 동안에 내가 행복을 주고 고통을 떠맡겠다고 상상한 그 대상자에게 내 명상이 직접적으로 얼마나 도움이 될지는 알 수 없다. 개인적으로 카르마에 의해 강한 유대 관계가 있는 경우에는 도움이 될 수도 있겠지만 말이다. 확실한 것은 통렌 수행이 보살의 열망을 실현하려는 수행자의 용기와 결심을 증진시키는 데에는 엄청난 영향력을 발휘한다는 점이다. 더욱이 통렌 수행은 이기심을 약화시키는 반면에 다른 사람의 행복을 소중히 여기는 이타심을 증진시킨다. 자신과 타인을 동등하게 여기고 서로의 입장을 바꿔서 생각하는 수행을 할 때 이 수행으로 탁월한 이타심을 일으킬 수 있고 궁극적인 보리심도 일으킬 수 있다.

**보리심 일으키기**

보리심은 점진적으로 발전한다는 것을 다시 한 번 강조하고 싶다. 처음에는 보리심에 대한 가르침을 듣고 배우는 지성적인 단계에서 시작된다. 지성적인 단계에서 보리심에 대해 지속적으로 깊이 생각하다 보면 어느 시점부터 고귀한 이상인 보리심에 대해 깊이 확신을 갖게 된다. 확신이 들 때 경험이 투영된 단계, 보리심을 깊이 생각하는 단계라고 부를 수 있다. 보리심을 깊이 생각하고 더 깊이 이해하려고 노력하다 보면 보리심의 이상이 무엇인지 진정으로 이해하는 단계에 이른다. 이것을 이해하면 보리심을 향상시키는 과정을 온전하게 수행할 수 있으며 보리심이 내면에 미치는 강력한 영향도 느낄 수 있다. 이 시점에서 우리는 의도적으로 노력해서 생기는 보리심을 얻을 것이다. 그러나 이 가상의 보리심은 아직 진정한 보리심이 아니다. 훨씬 더 많은 수행을 해야 보리심이 저절로 일어나는 단계에 이를 수 있다. 이 단계에 이르면 보리심을 일으키기 위해 더 이상 의도적인 노력을 하지 않아도 된다. 보리심을 연상하게 하는 사소한 계기나 약간의 외부 자극에도 이 강력한 감정이 일어난다. 이 진정한 보리심이 보살의 보리심이며, 진정한 보리심을 얻는 것으로 수행자는 보살이 된다.

# 후기

이 책은 삼 일간 진행된 강의 내용을 정리한 것이다. 매일 강의를 시작하기 전에 여러 나라에서 온 불자들이 각자 전통대로 『반야심경』을 독송했다. 장엄한 순간을 경험했다. 제일 먼저 상좌부 전통을 이어받은 불자들이 『반야심경』을 독송했다. 역사적으로 볼 때 주로 스리랑카와 동남아시아에 전파된 상좌부 전통은 자비롭고 훌륭한 스승인 부처님 제자들 가운데 가장 선배이고, 팔리 어로 기록된 경전을 보존하고 있다. 그 다음 차례에는 중국 불교 전통을 이어받은 불자들이 『반야심경』을 독송했다. 한자로 기록된 불교 경전은 주로 산스크리트 경전을 번역했으며 팔리 경전에서 한역을 한 것도 일부 있다. 그 다음에는 베트남 불자들이 『반야심경』을 독송했다. 대부분 불교 국가는 티베트 보다 먼저 불교를 받아들였다. 그래서 당연히 마지막에 티베트 승려들이 『심경』을 독송했다.

다양한 나라에서 온 불자들—같은 스승인 석가모니 부처님의 모든 제자들—이 같이 한 자리에서 『반야심경』을 함께 독송했다는 것이 감동스럽고 감사했다. 역사적으로 볼 때 중국에서는 불교가 주요 종교 가운데 하나였다. 이 사실을 주목할 필요가 있다. 신심이 돈독한 중국의 수많은 불자들은 한문 경전을 독송하는 것으로 정신적 염원을 고취해 왔다. 지난 수십 년 동안 중국에서는 불법이 심하게 훼손되었다. 하지만 신심이 돈독한 불자들 덕분에 지금 중국에는 풍요로운 불교문화 전통이 살아 숨 쉬고 있다.

역사적으로 많은 신흥 이데올로기가 발생했다가 사라지고, 사회 체제들이 생겼다가 붕괴되었지만 불교를 비롯해 세계 주요 종교들의 가치는 여전히 인류 사회에 살아 있고 개개인의 삶과 마음에 활기를 불어넣고 있다. 이것이 인류에게 희망이 있다는 신호라고 생각한다. 다음 세대들에게 더 정의롭고 평화로운 세계를 열어 줄 열쇠가 종교적 가치 안에 있기 때문이다. 주요 종교가 지니고 있는 이런 긍정적인 측면들이 수행자들 마음에서 자라기 바라며, 종교가 더 이상 갈등과 투쟁의 요인이 아니라 지구촌 사람들 사이에 더 큰 이해와 협력을 도모하는 매개체가 되기 바란다. 개인의 노력을 통해 우리 모두의 안녕이 보장되기를 기도하겠다.

제14 대 달라이 라마 텐진 가쵸

부록

# 『반야심경』 주석[41] : 말씀의 뜻을 종합적으로 설명하다.

잠양 가외 로되

(Jamyang Gawai Lodro, 1429-1503)

거룩한 문수보살 발아래 엎드려 공손한 마음으로 경의를 표합니다.

41 이 번역의 기반이 된 잠양 가외 로되의 원문 판본은 손으로 쓴 글의 복사본이다. 데붕 로셀링 사원이 인도의 북사르Buxar에서 스텐실 인쇄법으로 인쇄했다. 이것은 미국 국회도서관에 있는 PL480 모음집에 있는 것과 동일한 판본이기도 하다. 거기에는 No.90-915034로 분류되어 있다. 이 편집본에는 철자가 잘못 적혀 있는 부분도 있고, 어떤 부분에서는 철자가 누락된 것처럼 보이기도 한다. 내가 발견한 잘못된 부분들을 나의 여러 주석에서 확인을 할 수 있다. 아직은 이 문헌의 초기 목판본을 더 신뢰할 수 있으며 내가 제안한 교정은 더 완벽한 판본을 찾을 때까지 일시적인 것이다.

모든 부처와 제자들이 걸어온 길은 오직 하나이며 둘이 아니라고 가르친 승리자에게 절하고 가르침 가운데 가장 소중한 보물, 『반야심경』을 여기서 간단히 설명하겠다.

『반야심경』은 네 부분으로 구성되어 있다.

1. 제목의 의미
2. 역자가 경의를 표함
3. 본문의 주제
4. 결론

첫 번째, 제목의 의미는 "인도어로……"라는 부분을 가리키는 것이므로 쉽게 이해할 수 있다.

두 번째, 역자가 경의를 표함은 "신성한 어머니인 반야바라밀에 경의를 표합니다."라는 부분을 가리킨다. 이것은 번역자가 삽입한 것이다.

### 본문의 주제

세 번째, 본문의 주제는 두 부분으로 구성되어 있다.

Ⅰ. 경전의 유래를 설명하는 서문

Ⅱ. "이와 같이"로 전개되는 실제 경전의 주제

서문

경전의 유래를 설명하는 서문은 두 부분으로 구성되어 있다.

가. 공통적인 서문

나. 특수한 서문

첫 번째, 공통적인 도입부는 완벽한 네 가지 요소가 모인 것을 언급한다. "이와 같이 나는 들었다."라는 부분은 시간의 완벽한 요소를, "부처님"은 스승의 완벽한 요소를, "라자그리하에 있는 영축산에서"는 장소의 완벽한 요소를, "수많은 승려와……보살들과 함께"는 청중들의 완벽한 요소를 가리킨다. 이 부분은 이해하기 쉽다.

두 번째, 특수한 도입부는 그 다음에 나오는 두 문장이다. "그때 세상에서 가장 존귀한 분은 심오한 깨달음이라는 삼매에 머물러 있었다."와 "그때 고귀한 성자 관자재보살은 심오한 반야바라밀 수행을 살펴보고 사람의 몸과 마음을 구성하는 다섯 가지 요소에도 독립된 실체가 없음을 명확히 보았다."라는 문장을 가리킨다. 스승은 삼매에 머물러 있고, 스승의 불가사의한 힘으로 다음에 나오는 질문과 대답이 이루어진다.

### 실제 본문의 주제

"이와 같이"로 전개되는 실제 경전의 주제는 네 부분으로 구성되어 있다.

가. 반야바라밀을 수행하는 방식에 대한 샤리푸트라의 질문

나. 관자재보살의 대답

다. 이 대답에 대한 부처님의 확언

라. 청중들이 기뻐하며 이 경전의 가르침을 지키겠다는 서약[42]

42 티베트본에서 이 제목은 "청중들의 큰 기쁨과 지켜야 할 조언(gdams pa)"으로 되어 있다. 그런데 실제로 본문에서는 "지켜야할 그들의 서약(dam bca' ba)"으로 실려 있다. 『심경』의 특정한 부분을 해석할 때 이 두 번째 철자법이 맞다. 따라서 여기서 조언(gdams pa)이라는 이 단어를 사용한 것은 필경사의 잘못이거나 저자의 실수라고 생각한다.

본문 주제 가운데 첫 번째 항목인 샤리푸트라의 질문은 다음과 같다. "그러자 덕망 있는 장로 샤리푸트라가 부처님의 불가사의한 힘을 빌려 고귀한 성자 관자재보살에게 물었다. '심오한 반야바라밀 수행을 하고 싶은 고귀한 아들딸은 어떻게 수행해야 합니까?'" 이것은 대승 불교의 성향을 지닌 사람들이 깨달음을 얻으려는 마음을 일으킨 다음에 보살 수행을 하는 방식에 대해 질문을 하는 것이다.

본문 주제 가운데 두 번째 항목인 관자재보살의 대답은 세 부분으로 구성되어 있다.

1) 평범한 능력을 가진 사람들에게 적합한 수행법을 개별적으로 설명
2) 탁월한 능력을 가진 사람들에게 진언(만트라)만으로 설명
3) 주제를 요약하는 것으로 수행을 권고

관자재보살의 대답 가운데 첫 부분은 평범한 능력을 가진 사람들에게 적합한 수행법을 네 부분으로 구성되어 있다.

(1) 공덕을 축적하는 단계(資糧道), 준비하는 단계(加行道)

에서 반야바라밀을 수행하는 방식을 제시

(2) 공성을 직접 보는 단계(見道)에서 수행하는 방식을 제시

(3) 실제 명상을 하는 단계(修道)에서 수행하는 방식을 제시

(4) 더 이상 배울 것이 없는 단계(無學道)에서 수행하는 방식을 제시

공덕을 축척하는 단계와 준비하는 단계를 수행하기

공덕을 축척하는 단계와 준비하는 단계는 세 부분으로 구성되어 있다.

① 전환

② 육체적 요소(色蘊)의 궁극적 본성에 대해 수련하는 방식

③ 나머지 정신적 요소—감각(受蘊)·지각(想蘊)·의지(行蘊)·인식(識蘊)—의 궁극적 본성에 대해 수련하는 방식

전환은 다음 문장에서 설명되고 있다. "이 말을 들은 고귀한 성자 관자재보살은 장로 샤리푸트라에게 이렇게 말했다. '샤리푸트라여, 심오한 반야바라밀을 수행하고 싶은 고귀한 아들딸은 이렇게 명확히 보아야 한다.'" 축적하는 단계

와 준비하는 단계에서는 이렇게 수행해야 한다고 말하면서 샤리푸트라의 질문에서 관자재보살의 대답으로 전환된다.

육체적 요소(色蘊)의 궁극적 본성을 분석한 것은 다음 문장에서 간략하게 설명하고 있다. "사람의 몸과 마음을 구성하는 다섯 가지 요소에도 고유한 실체가 없음을 명확히 보았다."[43]

"모든 현상에는 독립된 실체가 있지 않는가?" 이에 대한 대답은 "몸에는 독립된 실체가 없고, 독립된 실체를 갖고 있지 않지만 여전히 몸으로 존재한다. 독립된 실체가 없다는 공성은 육체의 요소와 다르지 않으며 육체도 공성과 별개의 본성을 가진 것이 아니다."이다.[44] 따라서 하나의 실체이지만 두 가지 측면에서 설명하는 두 가지 진리로 절대주의와 허무주의 두 극단을 피한다고 밝히고 있다.

43 티베트본에서는 이 뒤에 "세 번째는(gsumpani)"이라는 제목이 뒤따라온다. 이것은 잘못된 것 같다. 원전에서 뒤따라오는 것은 직전에 있는 간략한 문장을 가장 명확히, 자세히 설명하기 때문이다.

44 이것은 『심경』에서 가장 유명한 구절을 다른 말로 바꾸어 설명한 것이다. "몸에는 독립된 실체가 없고, 독립된 실체가 없는 것이 몸이다. 독립된 실체가 없는 것이 몸과 다르지 않고, 몸도 독립된 실체가 없는 것과 다르지 않다."이다.

나머지 정신적 요소에 대해서도 동일한 분석을 확대하는데 "마찬가지로 감각…인식에도 모두 독립된 실체가 없다."라는 구절에서 동일하게 설명되고 있다. 이렇게 해서 나머지 요소들도 동일한 방식으로 보라고 가르친다. 이것을 '네 가지 공성'이라고 하고, '네 가지 측면을 지닌 공성이라고도 말한다. 여기서 강조되고 있는 점은 수행자는 공성을 축적하는 단계인 자량도에서는 주로 듣고 고찰하는 것을 통해서 독립된 실체가 없다는 공성을 생각하고, 준비하는 단계인 가행도에서는 주로 명상에서 얻은 이해를 통해서 공성을 생각한다는 것이다.

### 공성을 직접 보는 단계를 수행하기

공성을 직접 보는 단계인 견도에서 수련하기는 "그러므로 샤리푸트라여, 모든 현상에는 독립된 실체가 없으며, 모든 현상을 규정하는 특징도 없다.……완전하지도 않다."라는 구절에서 설명된다. 이것을 여덟 가지 측면을 지닌 공성이라고 한다. 이 구절은 현상에 여덟 가지 측면이 없다고 부정함으로써 공성을 직접 이해하는 단계에서 세 해탈의 문에 들어가는 방식을 설명한다. 이것은 인도의 위대한 불교학자 아티샤(982-1054)가 가르친 것인데 그 내용을 티베트 불교학자 옥 렉세가 간략하게 기록해 두었다.[45]

"모든 현상은 독립된 실체가 없다."라는 문장은 해탈로 들어가는 공성의 문(空性解脫門)을 설명하는 반면 "모든 현상을 규정하는 특징도 없다. 모든 현상은 생기지도 않으며 사라지지도 않는다. 모든 현상은 더럽지도 않으며 깨끗하지도 않다."라는 다섯 가지 양상은 해탈로 들어가는 무상의 문(無相解脫門)을 설명하고 있다. 이것은 다섯 가지 특성이 없음—원인을 나타내는 특징이 없음, 나타나는 결과가 발생하고 소멸하는 것이 없음, 번뇌로 인한 괴로운 현상들이 없음, 번뇌가 사라져 얻은 깨달은 현상이 없음—을 설명한다. "그것들은 모자람이 없다."라는 구절은 여러 결과의 무원無願을 설명한다.

45 이 원전은 티베트 대장경의 텐규르에 『디팡카라 슈리즈냐나에게 청해 들은 법문을 기반으로 렉패 셰랍이 잘 설명한 「반야심경」에 대한 해설(An Exposition of the Heart of Wisdom Well Explained by Lekpai Sherap on the Basis of Supplication to the Master Dipankara Shrijnana)이라는 이름으로 목록에 들어 있다. 북경판 티베트 대장경에는 5222번이고, 토호쿠판에는 3823번이다.

실제 명상을 하는 단계를 수행하기

실제 명상을 하는 단계인 수도에서 수행은 두 부분으로 구성된다.

① 일반적으로 실제 명상을 하는 단계에서 하는 수련

② 인과적인 금강 같은 (삼매)에서 하는 수련

먼저, 일반적으로 실제 명상을 하는 단계에서 하는 수련은 "그러므로 샤리푸트라여, 독립된 실체가 없는 공성에는 몸도 없고……얻지 못한 것도 없다."라는 구절에서 설명된다. 비말라미트라는 그 앞에 부사구를 첨가해서, "그러므로 그 시점에서는 공성에는 몸이 없다."라고 해석했다. 그는 이 문장이 공성을 직접 이해하는 단계에서 여덟 가지 부정되는 대상을 부정함으로써 세 가지 해탈문을 실현하고, 그 성과로 실제 명상을 하는 단계—습관화의 연속—가 된다고 해석한다. 비말라미트라는 이 인용문에 대해 다음과 같은 문제를 제기한다. "그 삼매의 관점에 보면, 수행자가 삼매에 머물고 있는 동안 어떤 지각이 일어날까?" "육체를 통해 얻는 것과 얻지 못함까지" 현상들은 그 어느 것으로도 나타나지 않는다는 것을 밝힌다. 그 다음에 비말라는 "모든 현상을 보는 것은 독립된 실체가 없는 것이다."라는 구절을 인용한다.[46]

사람의 몸과 마음을 구성하는 다섯 가지 요소인 오온에 실체가 없다는 것은 "몸도 없고 감각도 없고……" 에서부터 "……인식에도 없다."라는 구절에서 설명된다. 12 근원(十二處)에 독립된 실체가 없다는 것은 "눈이 없고……인식의 대상도 없다."라는 구절에서 설명된다. 18요소(十八界)에 고유한 실체가 없다는 것은 "눈의 요소(眼界)가 없고……의식의 요소(意識界)까지 없다."라는 구절에서 설명된다. 원래 산스크리트본 경전에는 작용 기관들의 분류와 의식에 이르기까지 간략하게 설명한다는 의견이 있지만 여기서 번역자는 그것들을 생략했다. 나도 이 견해가 적절하다고 생각한다.

그 다음에 "무지도 없고……늙고 죽는 것도 없고, 늙고

46 비말라미트라 주석서의 전체 제목은 『여덟 가지 요점으로 살펴본 반야심경의 광범위한 해설(Extensive Exposition of the Heart of the Perfection of Wisdom in Eight Points)』이다. 티베트 대장경 북경판 5217번, 토호쿠판 3818번에 있다.

죽는 것이 사라지는 것도 없다."라는 구절은 삼매에서 보면 번뇌에 의한 현상들이 존재하지 않는 것과 깨달음을 얻은 현상들의 의존적 발생조차 존재하지 않음을 설명한다. 그 다음에 나오는 "고통도 없고……"라는 구절은 수행의 대상들인 네 가지 고귀한 진리도 존재하지 않음을 설명한다. "지혜도 없고……"라는 구절은 이 명상 삼매의 관점에서 보면 수행 자체도 존재하지 않는다고 설명한다.[47]

『심경』의 일부 판본들에서는 "무지가 없다."라는 구절도 있다고 비말라는 말한다. 그것이 사실이라면 지혜와 반대되는 것 즉 무지조차도 존재하지 않는다고 말하는 것으로 해석해야 한다. 비말라보다 후대 학자인 위대한 최제 롱파는 인도본 『심경』 원전에는 지혜[48]를 언급하기 전에 "통찰이 없다."라는 문장이 있었다고 주장하는 전통을 따랐다.

"지혜를 얻는 것도 없다."라는 구절은 열 가지 힘(十力)과

47 티베트 어 원전에는 "그런 삼매의 관점에서(mnyam gzhag de'i gzigs ngor)"라는 표현이 "삼매 형태의 표면에(mnyam gzhag de'i gzugs kyi ngor)"로 여러 곳에서 잘못 표기되어 있다. 후자는 의미 없어 보인다.

48 이것은 사캬파 학자 롱뙨 사캬 갤첸(1367-1449)에 대해 말하는 것 같다. 지금까지 나는 『심경』에 대한 롱뙨의 주석서를 찾지 못했다.

네 가지 두려움 없음(四無畏心) 같은 성과를 얻은 것이 없다는 의미다. "지혜를 얻지 못한 것도 없다."라는 구절에도 이것을 적용해서 이해해야 한다. 비말라는 이 구절에 대해서 "지혜를 얻는 것이라는 개념을 부정하고서 지혜를 얻는 것이 없다는 개념을 부정하기 위해서……"라고 해석했다. 하지만 위대한 최제 롱파는 "궁극적인 차원에서는 얻는 것이 없다. 그러나 관습적인 차원에서는 지혜를 얻지 못한 것조차 없다."라는 조건을 덧붙여 설명한다. 그 다음에 언급된 이 모든 현상에 대해서도 두 가지 차원을 적용해야 한다고 주장한다.

이것은 비말라가 다음과 같이 해석한 것으로 보인다. "이 구절은 지혜·무지·지혜를 얻는 것·지혜를 얻지 못하는 것 등을 초월함으로써 개념을 구체화하거나 훼손시키는 극단을 벗어난다는 심오한 의미를 밝히고 있음을 알아야 한다." 하지만 『반야심경』에서는 실체의 본성을 입증하려고 할 때 삼매의 상태에서는 왜 몸을 지각하지 못하는지에 대해 논의하고 있는 것이기 때문에 이 점에서 보면 최제 롱파가 잘못 이해했다.

따라서 삼매의 관점에서는 아무것—몸과 마음을 구성

하는 다섯 가지 요소·12근원·18요소·십이 연기·네 가지 고귀한 진리·수행을 지각하는 본성·결과를 얻는 것·결과를 얻지 못하는 것—도 없다는 말과 그것들은 독립된 실체를 갖고 있지 않다는 말은 동일한 의미이다. 만약 육체의 궁극적인 상태를 지각하는 자각으로 볼 때 육체가 존재한다면 육체는 실체로서 존재하기 때문이다. 간단히 말해서 이 구절에서 의미하는 것은 수도修道에서 수행자는 육체 등의 개념화 같은 이원적 생각이 모두 완전히 사라진, 한결 같은 삼매(眞如一味)에 머물러야 한다는 것이다.

다음으로 인과적인 금강 같은 삼매(金剛喩定)에서 수련하는 방식을 다음 구절에서 설명한다. "그러므로 샤리푸트라여, 보살은 얻은 것이 없기에 이 반야바라밀에 의지하며 반야바라밀 안에 머문다."

이것은 "보살은 마음에 숨기는 것이 없기 때문에 두려움이 없으며, 그릇됨에서 완전히 벗어났기에 최종 열반에 도달할 것이다."라는 구절에서 설명된다.

### 더 이상 배울 것이 없는 단계(無學道)에서 수행하기

『해심밀경』에 열거된 것처럼 열 단계의 보살지에 상응해서 미세한 장애와 거친 장애들을 점진적으로 제거함으로써 수행자는 네 가지 왜곡에서 비롯되는 두려움들을 없애게 된다고 비말라는 말한다. 따라서 수행자는 그것들이 미치지 못하는 곳에서 이르러, 머물지 않는 열반(無住處涅槃)[49]을 성취한다. 하지만 위대한 최제 롱파는 이 구절을 해석할 때 "수행자의 마음에 아집이라는 장애가 없을 때 공성에 대한 두려움이 없다."라고 해석하는데 이것은 그가 마음대로 단어를 덧붙여 설명한 것 같다.

이상의 설명을 요약하면 본문의 이 부분을 다음과 같이 설명한다. 축적하는 단계인 자량도에서는 공성에 대한 가르침을 듣고 깊이 생각하는 것으로 수행하고, 준비하는 단계인 가행도에서는 명상을 통해서 공성에 대한 수행을 하는 반면에 공성을 직접 이해하는 단계인 견도에서는 여덟 가지 측면이 없음을 부정하는 것을 통해 세 가지 해탈문을 실현한다. 실제 명상을 하는 단계인 수도에서 수행자는

49 무주처열반은 완전한 깨달음을 얻은 부처님의 열반에 대한 별칭이다. 그렇게 부르는 이유는 깨닫지 못해 윤회하는 중생의 상태도 아니고 깨달음을 얻었지만 개인적 열반의 고립된 평화의 상태도 아니기 때문이다.

육체 등에 대해 복잡한 개념적인 사고들을 모두 없애고 보살 수행의 열 번째 단계에 오른다. 따라서 수행자는 열 단계들에 상응해서 점진적으로 모든 번뇌를 없애고 "위대한 세 가지 (목표들)"[50] 상태에 이른다. 이런 식으로 평범한 능력을 지닌 수련자들이 수행할 수 있는 다섯 단계 수행법(五道)에 대해 설명하고 있다.

그 다음에 "삼세에 머무는 모든 부처도……"라는 구절은 모든 부처가 실천했던 수행을 해야 하는 필요성에 대해 말하고 있다. 이것은 이해하기 쉽다.

### 탁월한 능력을 가진 사람들에게 진언만으로 설명

관자재보살의 대답 가운데 두 번째, 탁월한 능력을 가진 사람들에게 진언만으로 설명하는 부분은 "그러므로 수행자는 완벽한 반야바라밀의 진언을 알아야 한다.……스바

50 위대한 세 가지는 1) 위대한 마음—부처님의 이타적인 마음을 가리킨다. 2) 위대한 극복—사람과 사물에게 고유한 실체가 있다고 집착하는 생각을 극복하는 것을 가리킨다. 3) 위대한 깨달음—부처의 청정하고 전지全知한 지혜이다. 마이트레야의 『현관장엄론現觀莊嚴論』에는 위대한 마음·위대한 극복·위대한 깨달음을 "세 가지 위대한 목표"로 서술하고 있다.

하!"라는 구절이다.

반야바라밀이 진언('마음을 보호하다.'라는 의미를 내포하고 있다.)의 의미를 포함하고 있다는 것을 가정하면 이 부분에서 "진언"이라고 부르는 것은 반야바라밀을 가리킨다. 진언의 위대함은 다음과 같다. "위대한 지혜의 진언, 최고의 진언, 비할 데 없는 진언, 모든 고통을 사라지게 하는 진언"이다. 수행자가 열망을 달성하기 위해 진언 수행을 할 때 "진언이 진실하다는 것을 알아야 한다." 이 진언은 무엇인가? "타댜타"는 옴om처럼 진언의 다음 단어를 이끈다. "가테 가테"는 '가라, 가라.'는 뜻이다. 첫 번째 "가테"는 축적하는 단계(資糧道)로 들어가라는 것이고, 두 번째 "가테"는 준비하는 단계(加行道)로 들어가라는 것이다. "파라가테"는 공성을 직접 보는 단계(見道)로 들어가라는 것이다. "파라상가테"는 강 건너 언덕, 실제 명상을 하는 단계(修道)로 완전히 들어가라는 것이다. "보디 스바하"는 '위대한 깨달음에 완전히 들어가서 확고하게 자리를 잡으라.'는 의미이다.

탁월한 능력을 가진 수련자들 경우에는 이 진언만으로 수련을 해도 수행 방식을 이해할 수 있다. 따라서 평범한 능력을 가진 수련자와 대비를 강조하기 위해 이것을 "진언"이라고 불렀다. 하지만 이 진언은 네 종류의 탄트라에서 쓰이는 진언은 아니다. 과거에 카담파 스승들은 위대한 반야바라밀을 마음에 새기는 관상 장치로 이 진언을 암송하라고 가르쳤으나 반야바라밀로 수행자 자신을 관상하라고 하지는 않았다. 티베트 사람들 가운데 일부가 이와 같은 관상 수행을 허락하는 관정식을 열기도 하지만 그들은 반야바라밀과 탄트라 수행의 바탕이 다르다는 것을 모르고 있기 때문이다.

그러므로 수행자는 네 가지 측면과 여덟 가지 측면을 지닌 공성의 의미를 고찰하고, 다섯 단계의 수행(五道)에 대해 주의 깊게 살피면서 이 진언을 암송한 다음에 이 진언이 갖고 있는 진실의 힘을 외치고 손뼉을 치면 큰 축복을 받을 것이다. 이것은 과거에 인드라가 이 진언의 의미를 고찰한 결과로 악마의 무리를 정복할 수 있었던 것과 같다.

### 주제를 요약하는 것으로 수행을 권고

관자재보살의 대답 가운데 세 번째는 주제를 요약하는 것으로 수행을 권고한다. "훌륭하다! 훌륭하다! 고귀한 불자여.……"라는 구절에서 설명된다. 이것은 이해하기 쉽다.

그 다음은 이 대답에 대한 부처님의 확언으로 이어진다. 우리의 스승인 부처님뿐만 아니라 모든 여래가 함께 기뻐했다는 구절은 관자재보살의 대답을 가리키며, 우리의 스승인 부처님이 자신이 깨달음을 얻은 목적에 대해 설명을 하는 것이다.

### 청중들이 기뻐하며 이 경전의 가르침을 지키겠다는 서약

실제 본문 가운데 네 번째에 해당하는 부분인 청중들이 기뻐하며 이 경전의 가르침을 지키겠다는 서약은 "세상에서 가장 존귀한 이께서 이와 같이 말하자 덕망 있는 장로 샤리푸트라와……함께 기뻐하고 환호했다."라는 구절에서 설명된다.

경전에는 세 종류가 있다. 허락을 받아 기록한 경전, 부처님에게 영감을 받아 기록한 경전, 부처님의 가르침을 직접 기록한 경전이 있다. 『반야심경』의 경우는 도입부와 마지막 찬탄 부분은 허락을 받아 기록한 경전에 속하고, 본문 중간의 대화는 부처님에게 영감을 받아 기록한 경전인 반면에 관자재보살의 대답을 칭찬하는 부분은 부처님의 가르침을 직접 기록한 경전에 속한다.

더 나아가 이 경전은 다섯 가지 완벽한 요소를 모두 갖추고 있다. 서론에서는 완벽한 요소 네 가지—스승·시간·장소·청중—를 갖추고 있고, 질문과 대답이 끝나는 부분에서는 가르침이라는 완벽한 요소를 갖추고 있다.

결론

이와 같이 나는 말한다.

말씀에 있어 그 누구도
능가할 수 없는 존재께서
하얀 연꽃을 들고 계신 분[51]과
샤리푸트라의 말씀에 축복을 내리니
이와 같은 가르침이 나왔네.
유능한 분, 부처님의 가르침이 아니었다면
이런 일이 어떻게 가능했겠는가?

51 관자재보살의 별칭이다.

이 가르침을 듣거나 깊이 생각하거나
잘 이해해서 적은 글을 다른 이에게 나눈다면
이 가르침을 전하는 것이다.
우리의 힘으로 이 가르침을 유지할 수 있는 행운은
스승이 우리에게 준 선물이다.

부처님의 발자취를 따르고
명상의 대상[52]에 귀의하는 것으로
부처님의 가르침을 받드는
행운이 늘 함께 하기를![53]

52• 이담yidam: 티베트 불교 명상에는 부처나 보살을 관상觀想의 대상으로 삼기도 한다.

53 티베트 원전에서는 이 게송의 마지막 줄에 "nam yang ngoms pa med pa'i bshes gnyen dag"이라고 썼다. 이것은 판본이 손상되었다는 것을 의미할 수도 있고, 만일 정확한 표기라면 그 뒤에 적어도 한 개 이상의 게송이 더 있다는 것을 시사한다. 이것은 우리가 이 원전의 또 다른 판본을 발견할 때까지는 해결할 수 없는 문제이다. 당분간은 이 의미를 완벽하게 하기 위해서 나는 마지막 줄을 nam yang ngoms pa med pa'i dpal thob shog 으로 해석했다.

『심경』에 실린 내용을 이해하기 쉽게 간략하게 설명한 이 책의 저자는 법사 잠양 가외 로되이다. 이 책은 비말라의 광대한 주석서와 옥 렉셰가 편찬한 요약본과 학식 높은 카말라실라[54]가 쓴 짧은 주석서 등을 종합해서 쓴 것이다. 활자화하는 과정에서 그 내용을 훼손하지 않았다는 것을 밝힌다.

이 책을 펴내는 데 관여한 사람들—데붕 로셀링 사원 푸캉 하우스의 필경사 아왕 최걀, 물질적 도움을 베푼 이들—의 청정한 열망으로 모든 중생이 부처님의 사신四身[55]을 속히 성취하기를 기원한다.

54 북경판 티베트 대장경 5221번에 나온다. 『데르게Derge 목록』의 저자인 수첸 출팀 린첸은 이 원전을 "카말라실라가 저술했다고 함"이라고 목록에 적는다.

55 이것은 아마도 필경사인 데붕 사원의 승려 아왕 최걜이 삽입한 주석일 수도 있다. 만약 원전을 밝혔더라면 다음에 책을 만드는 편집자들에게 큰 도움이 되었을 텐데 안타깝게도 그는 이 책을 어느 판본에서 복사를 했는지 원전을 밝히지 않고 있다.

어떤 존재가 다른 존재에 의존해서 생긴다는 것은
고유한 실체나 독립된 실체를 갖고 있지 않음을 의미한다.
모든 현상이 독립적으로 존재하지 않는다는 것을 아는 것이 중요한 까닭은
공성의 이치를 명확하게 이해하는 사람만이 진정으로 자유로울 수 있으며
모든 고통에서 벗어날 수 있기 때문이다.

# 달라이 라마 반야심경

초판 1쇄 발행 2017년 9월 13일
초판 2쇄 발행 2020년 4월 20일

지은이 제14 대 달라이 라마 텐진 갸초
엮은이 툽텐 진파
옮긴이 주민황

발행처 하루헌
발행인 배정화
주소 서울시 서초구 방배로 43길 5, 1-1208 (우편번호 06556)
전화 02-591-0057
홈페이지 www.haruhunbooks.com
이메일 haruhunbooks@gmail.com

공급처 (주)북새통
주소 서울시 마포구 월드컵로 36길 18 삼라마이다스 902호(우편번호 03938)
전화 02-338-0117
팩스 02-338-7160
이메일 thothbook@naver.com
디자인 로컬앤드

※ 잘못된 책은 구입하신 곳에서 교환해 드립니다.
※ 가격은 뒤표지에 있습니다.
ISBN 978-89-969574-8-5
※ 이 도서의 국립중앙도서관 출판예정도서목록(CIP)은
서지정보유통지원시스템 홈페이지(http://seoji.nl.go.kr)와
국가자료공동목록시스템(http://www.nl.go.kr/kolisnet)에서 이용하실 수 있습니다.
(CIP제어번호: CIP2017022388)

1 ༄༅། །ཤེས་རབ་སྙིང་པོ། གཟུངས་པ་ཀ་ཆོས་ཀྱི

2 ༄༅། །ཁྱུགས་རྐྱང་ཟད། ཧྱག་ཕ
མཐེ་ས་ར་བཀྲི་པ་ནལ་ཏུ་ཡིན་པའི་སྙིང་པོ། པ
བཅོམ་ལྡན་འདས་རྒྱལ་པོའི་ཁབ་བྱ་རྒོད་ཕུང
དཔའི་དགེ་འདུན་ཆེན་པོ་དང་ཐབས་གཅིག

3 ༄༅། །བཞི་ཆོས་ཀྱི་རྣམས་གྲངས་ཀྱི
སེམས་དཔའ་སེམས་དཔའ་ཆེན་པོ་འཕགས
ཕྱིན་པ་ཟབ་མོའི་སྤྱོད་པ་ཉིད་ལ་རྣམ་པ
པར་རྣམ་པར་བལྟའོ། །དེ་ནས་སངས་རྒྱས་ཀྱི

...སྐྱོད་པ། ཞེས་ཕྱོགས་མེད་བརྗོད། བཅས་པ་བཏུས་པའོ།

...ནྜ་བྲ་ར་མི་ཏ་ཧྲི་ད་ཡ། བོད་སྐད་དུ། བཅོམ་ལྡན་འདས་
...ཤེས་སོ། འདི་སྐད་བདག་གིས་ཐོས་པ་དུས་གཅིག་ན།
...རི་ལ་དགེ་སློང་གི་དགེ་འདུན་ཆེན་པོ་དང་བྱང་ཆུབ་སེམས་
...གས་ཏེ། དེའི་ཚེ་བཅོམ་ལྡན་འདས་ཟབ་མོ་སྣང་བ་ཞེས་བྱ

...ན་ལ་སྙོམས་པར་ཞུགས་སོ། །ཡང་དེའི་ཚེ་བྱང་ཆུབ
...སྤྱན་རས་གཟིགས་དབང་ཕྱུག་ཤེས་རབ་ཀྱི་ཕ་རོལ་ཏུ
...ཞིང་ཕུང་པོ་ལྔ་པོ་དེ་དག་ལ་ཡང་རང་བཞིན་གྱིས་སྟོང་
...ཚེ་དང་ལྡན་པ་ཤཱ་རིའི་བུ་མཐུས་བྱང་ཆུབ་སེམས་དཔའ་སེམས